주부 재봉씨의 소품 만들기

귀엽고 사랑스러운
가방과 파우치 33

즐거운상상

CONTENTS

PART 1   간단히 만들 수 있는 기본 가방과 파우치

▶ p.6 옷감 한 장으로 만드는 파우치

▶ p.12 옆폭이 없어도 벌어지는 가방

▶ p.14 손잡이 다는 법이 독특한 가방

▶ p.16 마스크도 들어가는 만능 티슈 파우치

▶ p.18 입체적으로 벌어지는 동전 지갑

PART 2   반짝반짝 아이디어가 빛나는 가방과 파우치

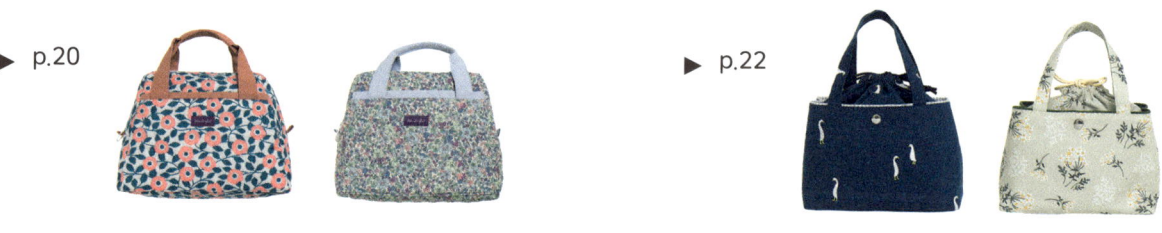

▶ p.20 귀여운 사다리꼴 미니 보스턴백

▶ p.22 바깥주머니가 있는 복주머니 가방

▶ p.24   ▶ p.32   ▶ p.34

옆폭이 넓은 트릭 가방 | 납작하게 만든 트릭 파우치 | 뜀틀 모양 사다리꼴 파우치

▶ p.35   ▶ p.36   ▶ p.38

조개 모양 둥근 파우치 | 돔 모양 크로스 가방 | 주머니가 많아서 편리한 토트백

PART 3 　 수납력이 돋보이는 실용 만점 가방과 파우치

▶ p.41   ▶ p.42

수납력 만렙 화장품 파우치 | 집에 하나 있으면 편리한 도구 가방

와이어 프레임 3단 활용!

▶ p.44   ▶ p.44   ▶ p.45   ▶ p.46

단추 잠금 파우치 | 미니 가방 | 벽걸이 수납 케이스 | 활짝 열리는 착붙 필통

이 책에 대해

1 유튜브 동영상 수록

만드는 법을 유튜브 동영상으로 볼 수 있습니다.
각 페이지의 QR코드를 스마트폰으로 스캔하면 동영상 재생 페이지로 넘어갑니다. 책과 함께 보세요.

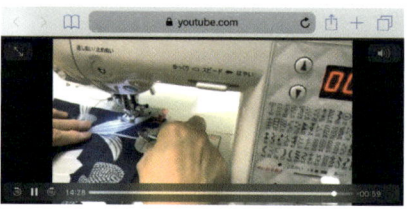

QR코드를 스캔!

※ 동영상을 재생하면 유튜브 내의 광고가 처음에 나오기도 합니다.
※ 이 QR코드 및 동영상 주소는 이 책을 구입한 독자용 동영상입니다.
　동영상 저작권은 저자 주부 재봉씨에 속해 있으므로 무단전재나 복사를 금지합니다.
※ 책에 실린 만드는 법과 동영상이 조금 다른 부분도 있으니 양해 바랍니다.
※ 동영상 자막은 일본어로 되어 있습니다. 책과 함께 보면서 참고하세요.

2 상업적 이용 OK

이 책에 실린 만드는 법과 본을 이용하여 제작한 작품을 개인 차원의 판매 활동(바자회, 인터넷, 벼룩시장 등)으로
자유롭게 사용해도 괜찮습니다.

※ 개인적인 판매 활동만 가능합니다. 기업 차원의 대량 생산은 금지합니다.
※ 작품 판매는 독자 여러분의 책임입니다. 이 책의 본이나 만드는 법을 사용하다가 일어난
　문제에 대해 책임지지 않습니다.
※ 이 책의 본이나 만드는 법 자체를 전재, 복사, 판매, 배포, 인터넷 게재, 키트 상품으로 판
　매하는 행위는 금지합니다.
※ 이 책의 제작 과정을 자신이 다시 촬영하여 공개하거나 만드는 법 사이트, SNS, 블로그
　등에 자신의 것으로 올리는 행위는 금지합니다.

3 난이도 표기

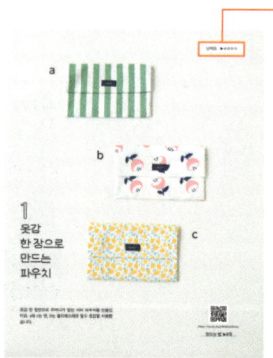

각 작품 페이지에 만드는 법의
난이도를 표기했으니 작품을
만들 때 참고하세요.

※ 난이도는 어디까지나 기준입니다.

★☆☆☆☆ 　　　　　　　　　　★★★★★
쉽다　　　　　　　　　　　　　어렵다

PART 1

간단히 만들 수 있는 기본 가방과 파우치

직선 재단을 이용한 납작한 스타일의 가방과 파우치 등 비교적 간단하게 만들 수 있는 아이템을 모았습니다. 간단하면서도 주부 재봉씨만의 소소하고도 쓸모 있는 기법이 가득! 독특한 디자인을 즐기면서 만들어 보세요.

난이도: ★☆☆☆☆

a

b

1
옷감 한 장으로 만드는 파우치

c

옷감 한 장만으로 주머니가 달린 지퍼 파우치를 만들었어요. a와 c는 면, b는 폴리에스테르 발수 옷감을 사용했습니다.

https://youtu.be/A3GkIw42Gwk

만드는 법 ▶ 8쪽

직사각형 옷감 1장으로 만들 수 있어요!

수납 주머니가 두 개나 있네!

b처럼 폴리에스테르 발수 옷감으로 만들면 여행용 세면도구도 넣을 수 있어서 좋아요.

지퍼를 끼워서 박는 법이 포인트!

입구는 두 군데. 앞쪽 주머니에는 지퍼가 달려있어서 편리해요.

How to make 6P 1　　　　　　　　　　　　　　　　　　　Lesson 1

옷감 한 장으로 만드는 파우치

[a~c 재료] 1개분
겉감 (a 면 줄무늬 / b 발수 폴리에스테르 꽃무늬 / c 면 레몬무늬)
　　　폭 92㎝×22㎝
플랫 니트 지퍼 20㎝ 1개
라벨 1.5㎝×4.5㎝ 1개

[준비 작업] ※ 알아보기 쉽도록 실 색깔을 바꿨습니다.

1 지퍼를 단다

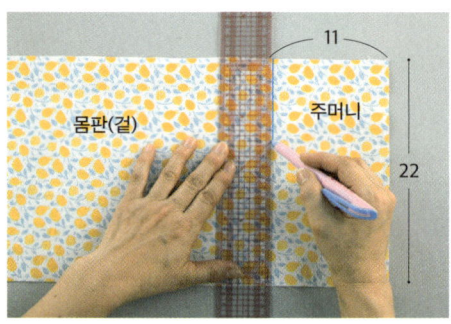

① 겉감의 오른쪽 끝에서부터 11㎝ 지점에 초크 펜으로 주머니를 표시합니다.

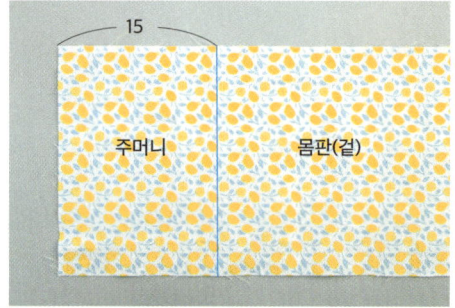

② 겉감의 왼쪽 끝에서부터 15㎝ 지점에 초크 펜으로 주머니를 표시합니다.

① 오른쪽의 주머니 표시에 지퍼를 안쪽이 위로 오게 하여 겹칩니다.

② 지퍼를 사이에 끼우고 오른쪽 옷감을 주머니를 표시한 자리에서 접어서 시침 클립으로 고정합니다. 초크 펜으로 0.7㎝ 지점을 표시합니다.

POINT

지퍼 노루발 : 한쪽이 비어 있어 노루발이 지퍼 이빨에 닿지 않고 매끄럽게 박을 수 있어서 지퍼를 달 때 편리한 노루발입니다. 기본적으로 재봉틀을 사면 들어 있습니다.

③ 지퍼 노루발로 바꿔 끼우고 지퍼를 연 상태에서 박기 시작합니다.

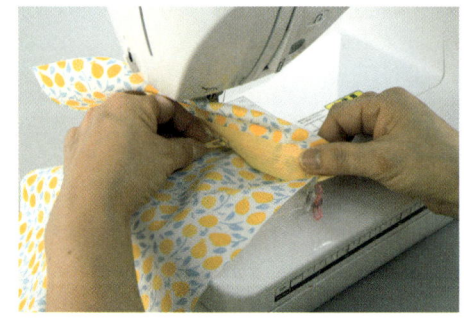

④ 중간까지 박았으면 바늘을 내린 상태에서 노루발을 올리고 지퍼를 닫으며 슬라이더를 위로 보낸 뒤에 다시 박습니다.

⑤ 다 박은 모습.

⑥ 겉으로 뒤집고 다려서 모양을 정리합니다.

⑦ 지퍼 박은 곳에서 0.2cm 지점에 스티치를 합니다.

⑧ 다 박은 모습.

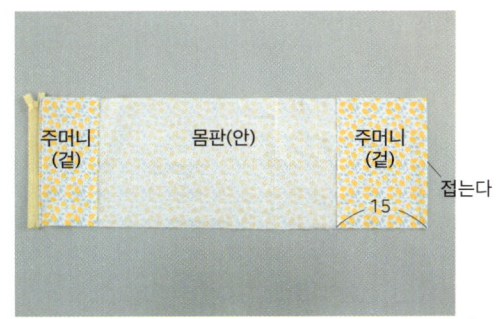

⑨ 몸판을 안으로 뒤집고, 준비 작업에서 15cm 지점에 표시한 주머니 위치를 접습니다.

⑩ 다시 1.5cm를 접습니다.

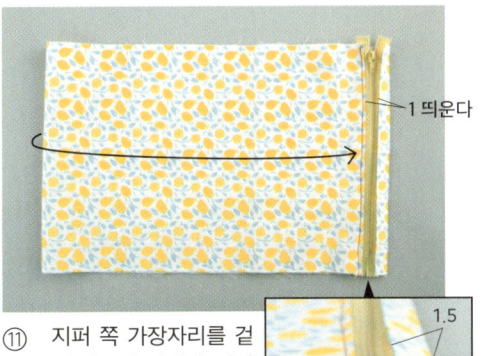

⑪ 지퍼 쪽 가장자리를 겉이 나오게 접어서, 지퍼 가운데를 1cm 띄우고 ⑩의 사이에 지퍼를 끼웁니다.

⑫ 가장자리를 시침 클립으로 고정합니다.

2 옆선에 임시로 고정한다

⑬ 지퍼에서 0.2cm 지점에 스티치를 합니다. 몸판의 ☆ 쪽을 화살표 방향으로 접습니다.

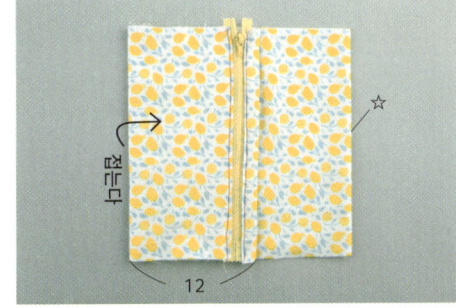

① 12cm 지점에 접음선이 위치하게 됩니다.

② 맨 밑의 옷감은 빼고, 지퍼 가장자리 부분을 시침 클립으로 고정합니다.

POINT

지퍼 끝이 열려 있으므로 쪽가위로 집어서 눌러 준 뒤에 박기 시작합니다.

③ 가장자리에서 0.7cm 지점을 7cm 박아서 임시로 고정합니다.

④ 임시로 고정한 모습.

3 주머니 바닥을 박는다

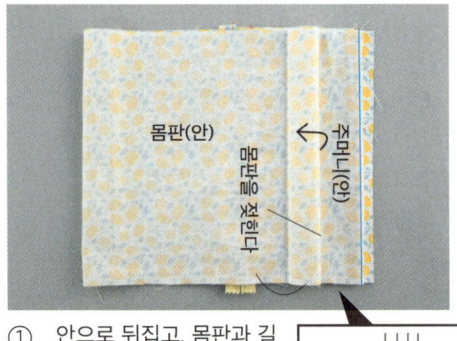
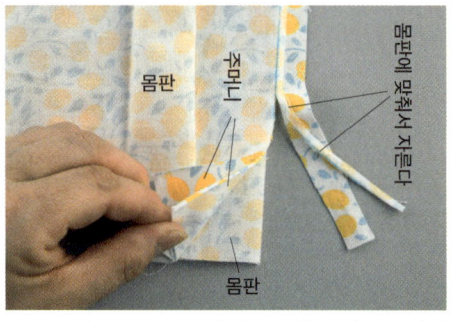

① 안으로 뒤집고, 몸판과 길이를 맞추기 위해 주머니의 튀어나온 부분에 초크펜으로 표시합니다.

② 몸판을 젖히고 ①에서 표시한 주머니의 튀어나온 부분을 잘라 냅니다.

③ 주머니의 튀어나온 부분을 자른 모습.

4 옆선을 박는다

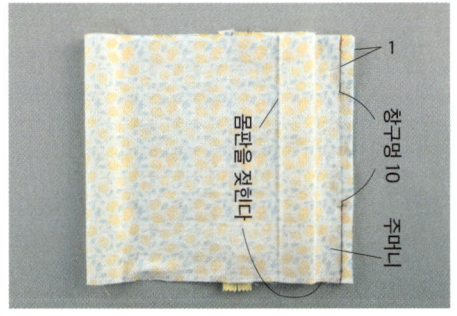

④ 몸판을 젖히고 주머니 바닥에서부터 1cm 지점에 초크 펜으로 표시하고, 창구멍 10cm를 남기고 박습니다. 이때 지퍼는 열어 둡니다.

⑤ 다려서 주머니 시접을 벌립니다.

① 젖혔던 몸판을 겹치고, 옆선 시접 1cm를 초크펜으로 표시합니다.

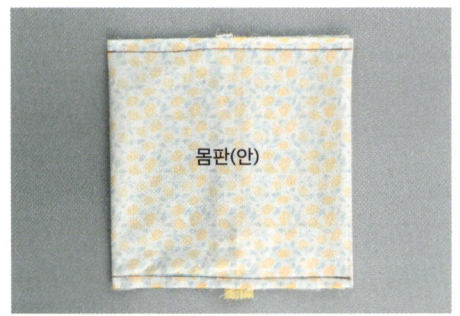
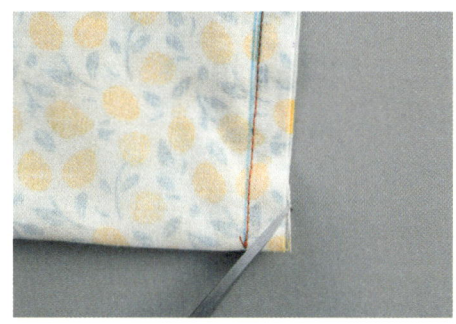

② 옆선을 박습니다.

③ 모서리 시접을 자릅니다.

④ 지퍼가 튀어나온 부분을 자릅니다.

⑤ 다려서 옆선 시접을 벌립니다.

⑥ 창구멍을 통해서 겉으로 뒤집습니다.

5 창구멍을 공그르기한다

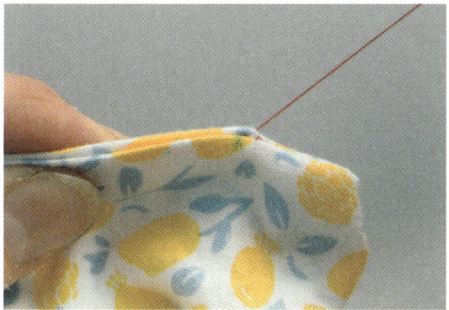
① 창구멍 2장을 맞대고, 실에 바늘을 꿰어 매듭을 지은 뒤에 위쪽 접음선에서 바늘을 뺍니다.

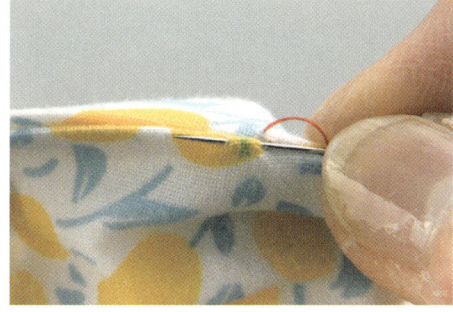
② 아래쪽 접음선에 바늘을 넣고 0.2~0.3㎝ 떨어진 곳에서 바늘을 뺍니다.

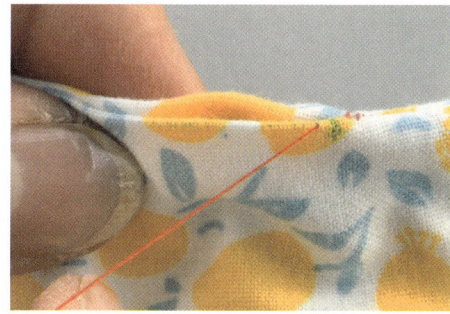
③ 실을 당겨서 조입니다.

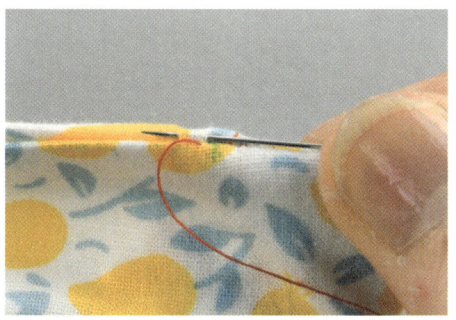
④ 위쪽 접음선에 바늘을 넣고 0.2~0.3㎝ 떨어진 곳에서 바늘을 뺍니다.

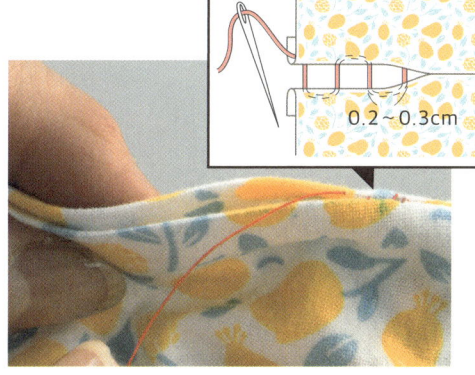
⑤ 실을 당겨서 조입니다. ②~⑤를 되풀이하여 창구멍을 막습니다.

⑥ 창구멍을 다 막은 모습.

6 마무리한다

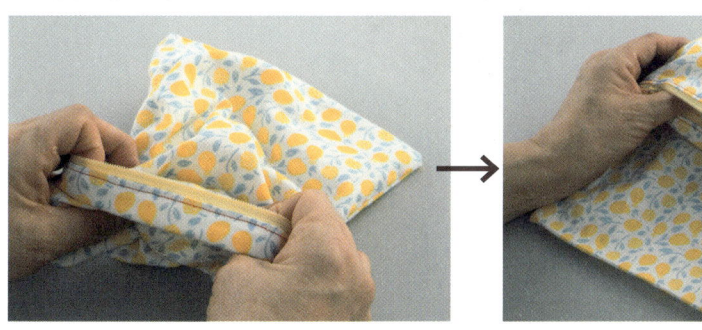
① 주머니를 바깥쪽으로 뒤집습니다.

② 송곳으로 모서리를 빼내고, 다려서 모양을 정리합니다.

③ 주머니를 바깥으로 뒤집은 모습.

④ 라벨 양 끝을 0.5㎝ 접고 몸판에 달아 줍니다.

완성!

2
옆폭이 없어도 벌어지는 가방

종이접기를 하듯이 옷감을 접어서 박기만 하면 간단히 만들 수 있는 파우치.
어깨끈을 연결하면 크로스 가방이 됩니다. 납작하지만 물건을 넣으면 봉긋해져서 꽤 많이 넣을 수 있지요.

예쁘고 귀여워!

https://youtu.be/mQ6xhUUfvjE

난이도: ★★☆☆☆

만드는 법 ▶ 52쪽

세 칸으로 나누어져 있어요.

주머니를 2개 합친 것 같은 모양.

D자 고리를 달았기 때문에 어깨끈을 연결하면 크로스 가방이 된답니다.

카드 주머니도 2개 달았습니다.

교통카드, 통장, 핸드폰, 수첩 등을 넣기에 딱 좋은 크기입니다.

자석단추는 마지막에 달아 주기만 하면 되니 간단해요.

난이도: ★☆☆☆☆

3
손잡이 다는 법이 독특한 가방

직선으로 박아서 가방 몸판을 만들고 마무리 단계에서 손잡이를 끼워서 박기만 하면 끝. 손잡이를 단 부분이 접박기를 한 것처럼 보여서 멋지답니다.

https://youtu.be/IQHDOPXQPRc

만드는 법 ▶ 54쪽

손잡이를 단 부분이 접박기를 한 것처럼 보여요.
속주머니도 달았습니다.

가방을 직선으로 박은 뒤에 마지막으로 손잡이를 감싸서 박으면 간단하게 완성되지요.

마무리 단계에서 손잡이를 끼워서 박기만 하면 끝!

난이도: ★★★☆☆

a

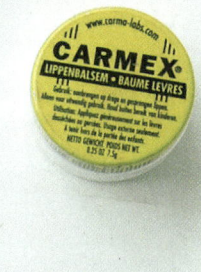

4
마스크도 들어가는 만능 티슈 파우치

b

겉모습은 평범한 파우치 같지만 특별한 디자인이 가득합니다. 비밀 주머니와 마스크가 딱 맞게 들어가는 주머니가 있어서 편리할 뿐 아니라 시접이 적어서 구조가 깔끔해요. a는 라미네이트, b는 면으로 만들었습니다.

https://youtu.be/WwbX6jttwio

만드는 법 ▶ 56쪽

마스크가 딱 맞게 들어가요!

꽃가루 알레르기 대비용품을 넣어도 좋아요!

긴 주머니에 마스크를 접지 않고 수납할 수 있습니다. 가방 안에서 구겨지기 쉬운 마스크를 깔끔하게 가지고 다닐 수 있지요.

신기해요! 시접이 깔끔!

비밀 주머니 1

가운데에 솔기가 없어요!

비밀 주머니 2

가운데에 솔기가 없고 주머니가 안쪽으로 들어간 깔끔한 구조.

지갑으로도 쓸 수 있어요!

긴 주머니에는 지폐를, 지퍼 주머니에는 동전을, 티슈 케이스 부분에 카드를 넣으세요.

5
입체적으로 벌어지는 동전 지갑

난이도: ★★☆☆☆

옷감을 접어서 박기만 하면 되는 간단한 구조이지만 지갑을 열면 주머니가 입체적으로 벌어집니다. 카드 등을 쉽게 꺼낼 수 있어서 편리해요.

입체적으로 벌어져요!

칸막이가 X자 모양으로 벌어집니다.

칸막이로 된 공간에는 카드 종류를, 지퍼 공간에는 동전을 넣으세요.

https://youtu.be/bGyb92hZxzs

만드는 법 ▶ 58쪽

PART 2

반짝반짝 아이디어가 빛나는 가방과 파우치

톡톡 튀는 아이디어를 가득 담은 가방과 파우치를 모았습니다.
모양도 예쁜데다가 사용하기에도 편리하고 기능성도 뛰어나답니다.
만들수록 놀라운 아이디어가 숨어있는 멋진 디자인을 즐겨 보세요.

난이도: ★★★★☆

6
귀여운 사다리꼴 미니 보스턴백

퀼팅지로 만든 미니 보스턴백은 큰 주머니가 특징입니다.
빵빵한 모양이 귀여워서 외출이 즐거워질 것 같아요.

https://youtu.be/40O2w-h5hNY

만드는 법 ▶60쪽

a

b

봉긋한 모양이 귀여워요.
장지갑이 쏙 들어간답니다.

큼직한 주머니가 편리해요.

교통카드 케이스나 스마트폰처럼 얼른 꺼내야 하는
물건을 주머니에 넣으세요.

7
바깥주머니가 있는 복주머니 가방

양쪽에 큼직한 바깥주머니를 단 복주머니 가방. 외출용 가방으로 어울리고 도시락 가방으로 사용해도 좋아요.

난이도: ★★★☆☆

https://youtu.be/hiunJ13QMNo

만드는 법 ▶ 63쪽

a

b

큰직한
바깥주머니!

주머니에는 자주 사용하는 물건을 넣었다가 손쉽게 꺼낼 수 있어서 편리해요.

복주머니 가방 주위를 주머니가 둘러싼 구조.

장지갑이 들어가는 크기!

안쪽에는 주머니가 2개.

2WAY !

복주머니 가방을 안쪽으로 밀어 넣으면 일반 토트백이 됩니다.

23

난이도: ★★★★☆

8
옆폭이 넓은 트릭 가방

"구조가 어떻게 되어 있어요?" 이 질문을 가장 많이 받는 작품이 이 가방이랍니다. 얼핏 보기에는 평범하지만 안쪽을 보면 조금 색다른 구조로 되어 있습니다. 손잡이 없이 파우치로 사용해도 좋고, 손잡이를 달면 가방으로 사용할 수 있어요.

만드는 법 ▶ 26쪽

https://youtu.be/7Ids-wAV6w0

a

b

크기가 다른 가방 2개. a는 스마트폰이 들어가는 크기이고, b는 티슈나 손수건이 들어갈 정도의 크기입니다.

신기해!

주머니 3개가 모두 다른 옷감이에요!

주머니 3개의 옷감을 모두 다르게 한 건 이 트릭 구조뿐이에요.

가운데 있는 주머니는 지퍼를 달았어요.

손잡이는 뗄 수 있어요!

옆폭을 박아서 볼록한 모양으로 만들어서 폭이 넓어요.

와! 특이한 구조

How to make 24P 8   Lesson 2

옆폭이 넓은 트릭 가방

실물 크기 본 A면 (겉몸판, 앞쪽 안몸판, 뒤쪽 안몸판, 겉뚜껑, 안뚜껑, 속주머니)

[a 재료]
옷감 A (옥스포드 민무늬 핑크색) 폭 50cm×40cm
옷감 B (면 꽃무늬) 폭 45cm×30cm
옷감 C (면 잔꽃무늬) 폭 30cm×30cm
접착심지 폭 94cm×50cm
플랫 니트 지퍼 20cm 1개
D자 고리 1.5cm 2개
자석단추 지름 1.8cm 꿰매는 타입 1쌍
탈부착형 가죽 손잡이 길이 20cm 1개

[b 재료]
옷감 A (옥스퍼드 민무늬 핑크색) 폭 45cm×30cm
옷감 B (면 잔꽃무늬) 폭 40cm×25cm
옷감 C (면 꽃무늬) 폭 25cm×25cm
접착심지 폭 94cm×30cm
플랫 니트 지퍼 20cm 1개
D자 고리 1cm 2개
자석단추 지름 1.8cm 꿰매는 타입 1쌍
탈부착형 가죽 손잡이 길이 20cm 1개

옷감을 마름질하는 법

※ 태브는 본이 없으니 옷감에 직접 선을 그려서 마름질한다.
※ □ 안은 시접. 정해진 것 이외에는 1cm.
※ ▒ 는 안쪽면에 접착심지를 붙인다.

2단으로 된 숫자는
윗단=a
아랫단=b

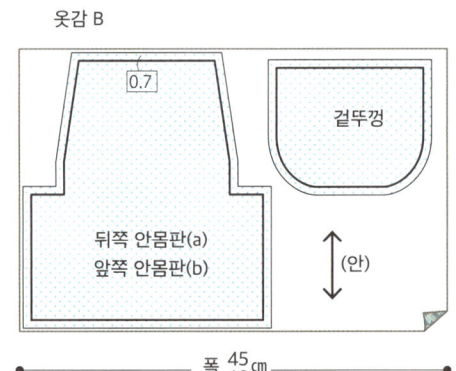

[준비 작업]

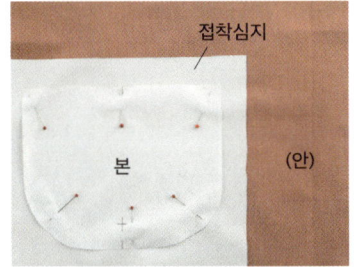

① 겉몸판, 앞쪽 안몸판, 뒤쪽 안몸판, 겉뚜껑, 안뚜껑의 안쪽면에 접착심지를 잘라서 붙입니다(접착심지붙이는 법은 P.49 참조). 본을 시침핀으로 고정합니다.

② 자를 대고 초크 펜으로 본의 완성선을 옮겨 그립니다.

③ 초크 펜으로 시접을 그리고, 자석단추 다는 위치를 송곳으로 찔러서 표시합니다.

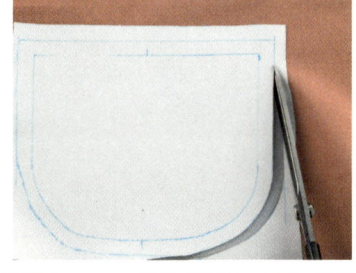

④ 초크 펜으로 그린 선을 따라서 오립니다.

1 지퍼를 달고 속주머니를 만든다

※ 작품 a로 해설합니다.
※ 알아보기 쉽도록 실 색깔을 바꿨습니다.

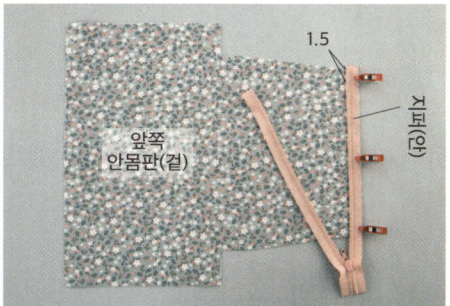

① 앞쪽 안몸판의 가장자리에 지퍼를 안쪽이 위로 오게 하여 겹치고 시침 클립으로 고정합니다.

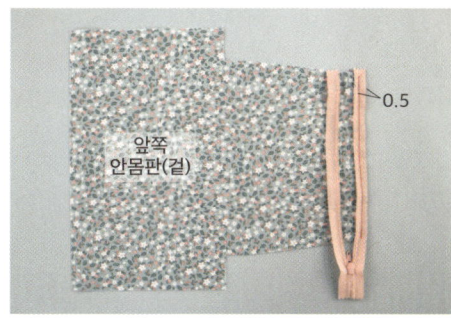

② 가장자리에서 0.5㎝ 지점을 박습니다.

③ ②의 위에 속주머니를 맞대고 가장자리에서 0.7㎝ 지점을 박습니다.

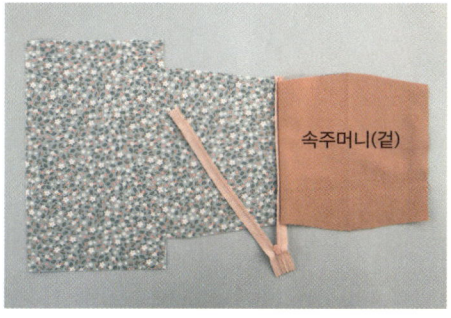

④ 속주머니를 겉으로 뒤집습니다.

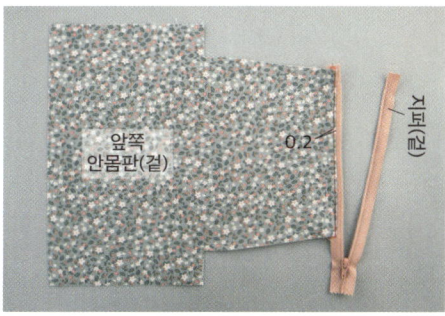

⑤ 다시 속주머니를 앞쪽 안몸판의 안쪽으로 접어서 넘기고, 지퍼를 박은 자리에서 0.2㎝ 지점을 스티치합니다.

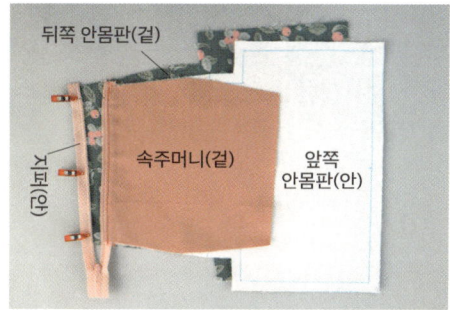

⑥ 뒤쪽 안몸판에 반대쪽 지퍼를 안쪽이 위로 오게 하여 겹치고 시침 클립으로 고정합니다.

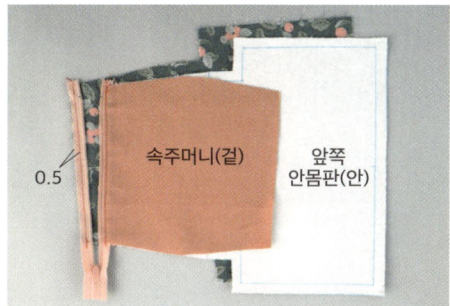

⑦ 가장자리에서 0.5㎝ 지점을 박습니다.

⑧ 속주머니를 반으로 접어서 ⑦의 지퍼에 겹치고 가장자리에서 0.7㎝ 지점을 박습니다.

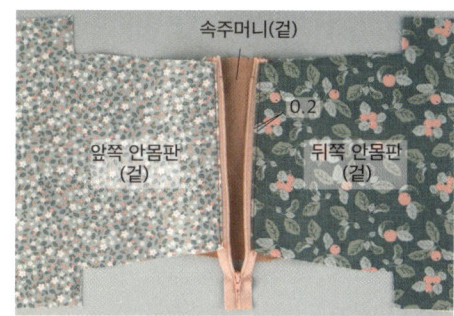

⑨ 겉으로 뒤집어서 지퍼 가장자리에서 0.2㎝ 지점을 스티치합니다.

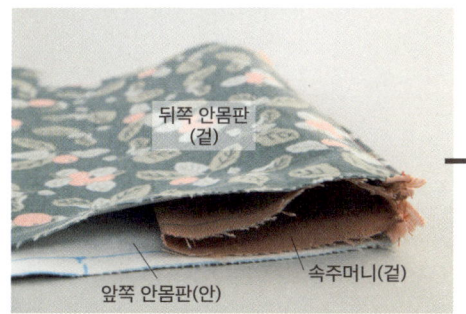

⑩ 뒤쪽 안몸판, 속주머니, 앞쪽 안몸판을 합쳐서 시침 클립으로 고정합니다.

⑪ 가장자리에서 0.7㎝ 지점을 박고 속주머니를 임시로 고정합니다.

2 안몸판의 옆폭을 박는다

① 뒤쪽 안몸판의 옆폭 ☆ 표시 위치를 맞춰서 시침핀으로 고정합니다.

② 같은 방법으로 앞쪽 안몸판의 옆폭 ☆ 표시 위치를 맞춰서 시침핀으로 고정합니다.

③ 뒤쪽 안몸판, 앞쪽 안몸판의 옆폭을 각각 ☆ 표시까지 박습니다.

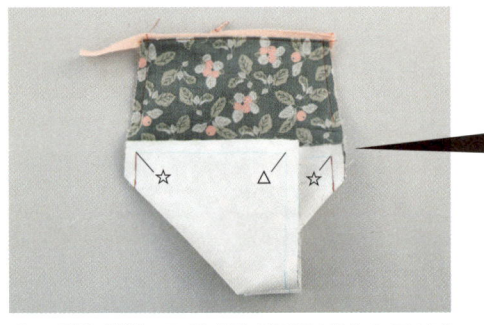

④ 같은 방법으로 반대쪽 옆폭을 각각 ☆ 표시까지 박습니다.

3 안몸판 옆선을 박는다

① 뒤쪽 안몸판의 옆폭 시접을 젖히고 아래쪽 1장의 시접에 가위집을 넣습니다.

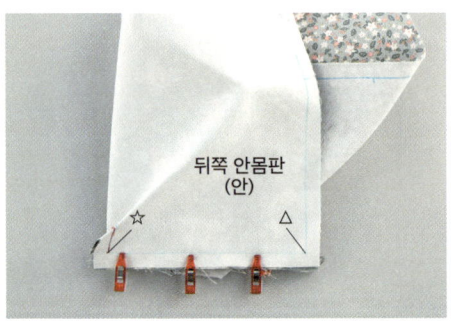

② 같은 방법으로 앞쪽 안몸판도 옆폭 시접을 젖히고 아래쪽 1장의 시접에 가위집을 넣습니다.

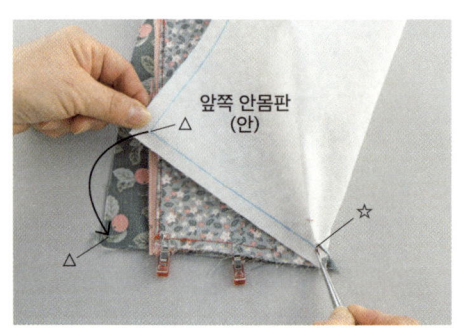

③ 뒤쪽 안몸판의 입구 쪽 △ 표시의 시접을 잡고 ☆ 표시를 송곳으로 찔러서 기점으로 삼아 뒤쪽 안몸판의 옆선을 맞춥니다.

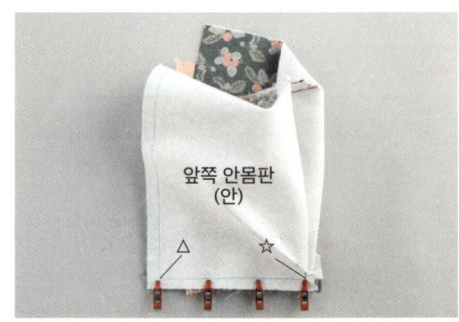

④ 시침 클립으로 고정합니다.

⑤ 같은 방법으로 앞쪽 안몸판의 입구 쪽 △ 표시의 시접을 잡고 ☆ 표시를 송곳으로 찔러서 기점으로 하여 옆선을 맞추고, 뒤쪽 안몸판 쪽의 △ 표시에 맞춥니다.

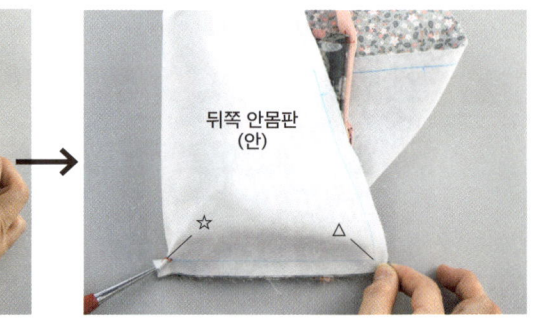

⑥ 시침 클립으로 고정합니다.

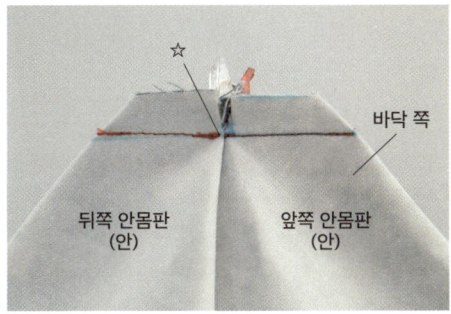

⑦ 바닥 쪽에서 본 모습. 옆폭의 ☆ 표시가 딱 만납니다.

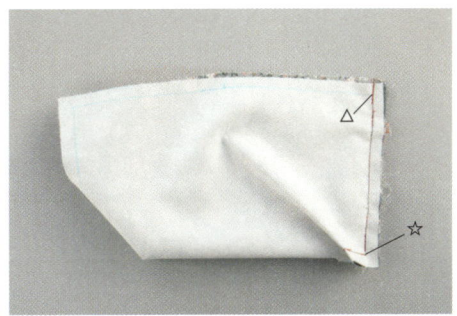

⑧ ☆ 표시까지 옆선을 박습니다.

⑨ 다려서 옆선 시접을 벌립니다.

⑩ 한쪽 옆선을 다 박은 모습.

⑪ 같은 방법으로 반대쪽 옆선을 박습니다.

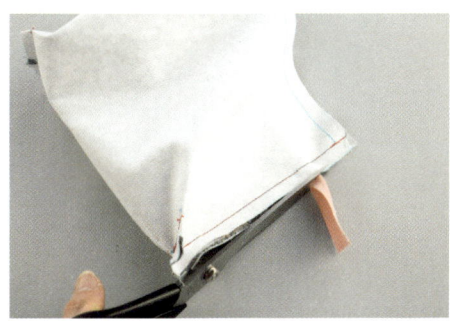

⑫ 지퍼의 남은 부분을 자르고, 다려서 옆선 시접을 벌립니다.

4 뚜껑을 만든다

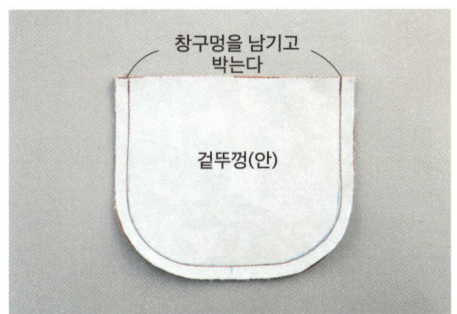

① 겉뚜껑과 안뚜껑을 겉끼리 맞대어 창구멍을 남기고 주위를 박습니다.

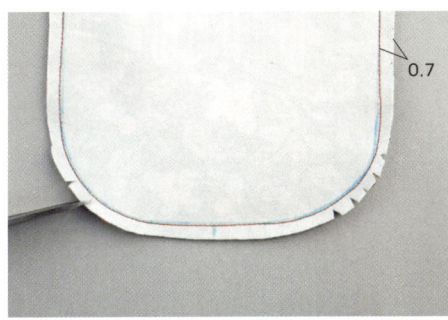

② 시접을 0.7㎝로 자르고 곡선 부분에 가위집을 넣습니다.

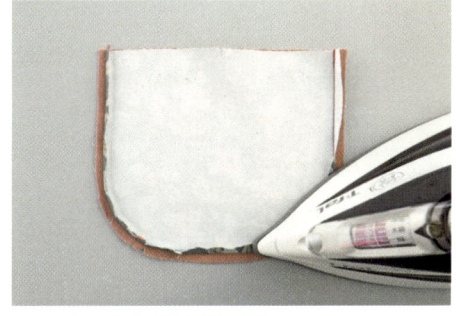

③ 다려서 시접을 벌립니다.

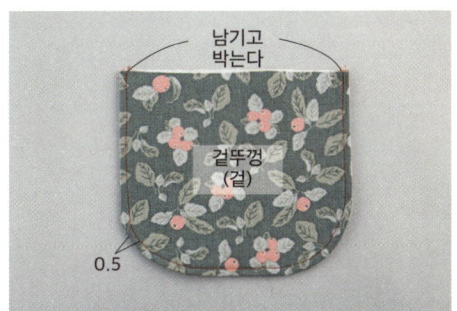

④ 겉으로 뒤집어서 겉뚜껑 쪽 가장자리에서 0.5㎝ 지점에 스티치합니다.

⑤ 겉뚜껑 쪽에 여유를 주기 위해 안뚜껑 쪽으로 한 번 접고, 아까 남기고 박은 쪽의 가장자리에서 0.5㎝ 지점을 박습니다. 이 한 단계를 거치면 완성도가 한층 높아집니다.

⑥ 자연스러운 곡선이 생깁니다.

5 겉몸판 옆선을 박는다

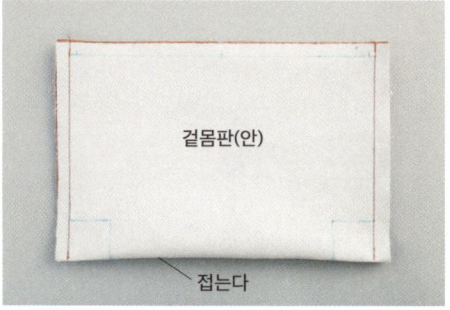

① 겉몸판을 반으로 접어서 옆선을 박습니다.

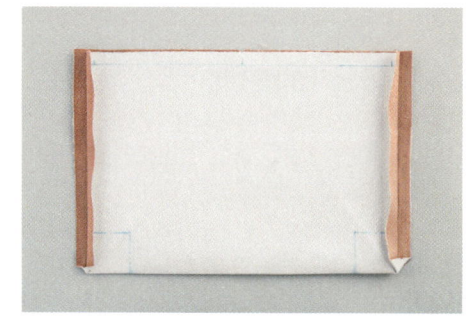

② 다려서 옆선 시접을 벌립니다.

6 겉몸판의 옆폭을 박는다

① 옆선과 바닥 중심을 맞추고 옆폭을 박습니다.
※ 윗단 치수는 a, 아랫단 치수는 b.

② 시접을 1cm 남기고 자릅니다.

7 태브를 만들어서 단다

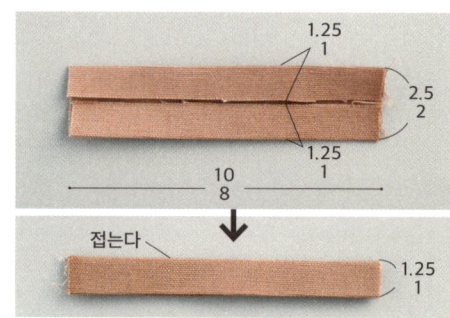

① 태브의 위아래 가장자리를 접고 다시 반으로 접습니다. ※ 윗단 치수는 a, 아랫단 치수는 b. 이하 같음.

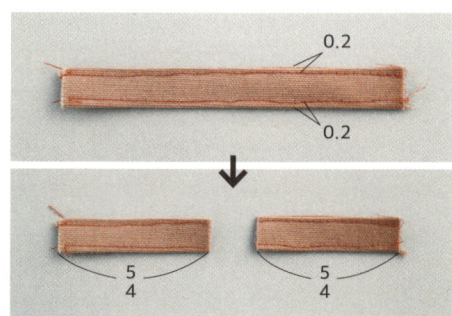

② 양 가장자리를 0.2cm 지점에서 박고 반으로 자릅니다.

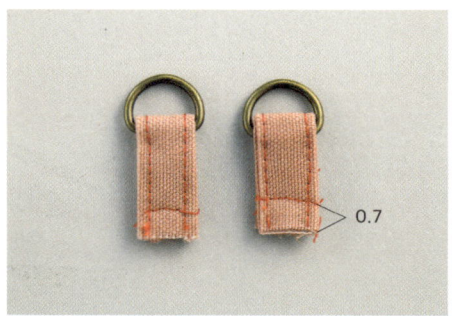

③ D자 고리를 끼우고 반으로 접어서 끝에서 0.7cm 지점을 박습니다.

④ 겉몸판을 겉으로 뒤집고, 옆선의 태브 다는 위치에 태브를 시침 클립으로 고정합니다.

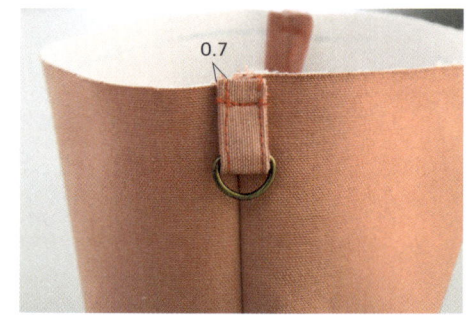

⑤ 0.7cm 지점을 박아서 임시로 고정합니다.

8 뚜껑을 단다

① 겉몸판 뒷면의 뚜껑 다는 위치에 뚜껑을 시침 클립으로 고정합니다.

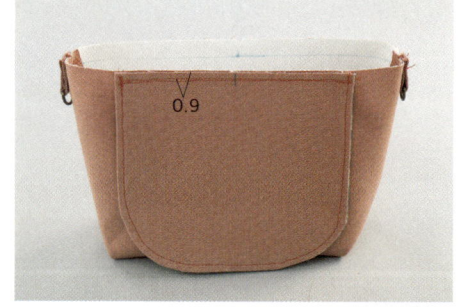

② 0.9cm 지점을 박아서 임시로 고정합니다.

9 입구를 박는다

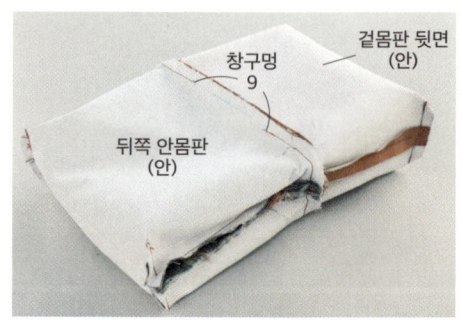

① 겉몸판과 안몸판의 입구를 맞추고, 창구멍을 9cm 남기고 한 바퀴 돌아가며 박습니다.

② 다려서 입구 시접을 벌립니다.

③ 창구멍을 통해서 겉으로 뒤집습니다.

④ 창구멍을 감칩니다(감침질은 P.93 참조).

10 자석단추를 단다

⑤ 입구 0.3㎝ 지점을 스티치합니다.

① 안뚜껑의 자석단추 다는 위치에 자석단추(凸)를 대고 초크 펜으로 네 군데를 표시합니다.

② 바늘에 실을 꿰어 매듭을 짓고, 안뚜껑의 자석단추 다는 위치에 바늘을 넣습니다. 겉뚜껑까지 뜨지 않도록 조심하며 표시한 곳 중 1군데로 바늘을 뺍니다.

③ 자석단추(凸)를 놓고 단추의 구멍으로 바늘을 뺍니다. 바늘을 뺀 바로 밑쪽을 뜨고 바늘을 뺍니다.

④ 고리 모양이 된 실 사이로 바늘을 통과시킵니다.

⑤ 실을 당겨서 조입니다.

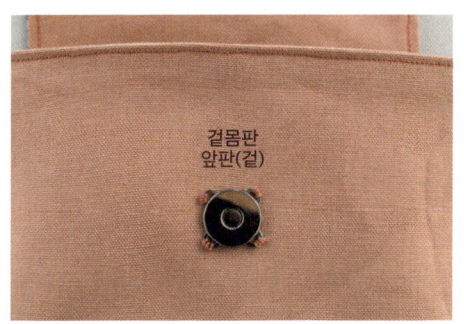

⑥ 단추의 구멍마다 3번씩 감쳐서 모든 구멍을 감칩니다. 자석단추(凸)를 달았습니다.

⑦ 같은 방법으로 겉몸판 앞면에 자석단추(凹)를 답니다.

완성!

⑧ 태브에 가죽 손잡이를 달아 줍니다.
 ※ 윗단 치수는 a, 아랫단 치수는 b.

⑨ 납작하게 만든 트릭 파우치

난이도: ★★☆☆☆

24쪽 트릭 가방을 옆폭이 없는 간단한 디자인으로 바꿔서 만들었습니다. 초보자라면 이 파우치부터 만들어 보세요.

만드는 법 ▶66쪽

https://youtu.be/WPP_4G7j0C8

난이도가 서로 다른 디자인!

어려움 (★★★★☆)　　간단 (★★☆☆☆)

24쪽 트릭 가방와 같은 구조지만 옆폭이 없어서 간단히 만들 수 있답니다.

안쪽을 뒤집은 모습. 어느 주머니에도 시접이 보이지 않는 깔끔한 구조.

립밤이나 약, 액세서리 등 작은 물건을 정리하기 좋아요.

신기해!

주머니 3개는 각각 다른 옷감으로 만들 수 있습니다.

카드 지갑이나 교통카드 케이스로도 쓸 수 있습니다.

10 뜀틀 모양 사다리꼴 파우치

옆으로 길쭉한 사다리꼴 파우치. 뜀틀처럼 생긴 모양이 독특하죠. 귀여워서 여러 가지 옷감으로 만들어 보고 싶어져요.

난이도: ★★★☆☆

귀여운 사각형

 만드는 법 ▶ 68쪽

https://youtu.be/Wh1TvwTAKp8

큰 무늬와 민무늬의 조합이 잘 어울립니다.

안쪽에도 밝은 색을 사용했어요.

난이도: ★★★☆

11
조개 모양 둥근 파우치

a

b

c

옷감을 반으로 접어서 지퍼를 단 파우치가 조개처럼 보여요. 퀼트심지를 사용해서 봉긋하게 마무리했습니다. 둥그스름한 모양이 깜찍해요.

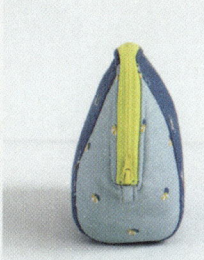

옆에서 본 모습.

안쪽으로 뒤집은 모습. 주머니가 달려 있어요.

만드는 법 ▶70쪽

https://youtu.be/5BiW6Pd5ITw

12
돔 모양 크로스 가방

윗부분이 둥그스름한 돔 모양 크로스 가방. 떨어뜨리면 안 되는 중요한 물건은 지퍼 주머니에 넣고, 자주 넣고 빼는 물건은 가운데 주머니에 넣으세요.

난이도: ★★★★★

https://youtu.be/rg2JSisHIWE

만드는 법 ▶74쪽

퀼팅지를 사용해서 쿠션감이 좋아요. 시접은 바이어스테이프가 아니라 옆폭 옷감을 자르지 않고 그대로 가져와서 싸 주었습니다.

시접을 싸는 법에도 비밀이!

쉽게 꺼낼 수 있어요!

왼쪽 주머니는 옆폭이 있습니다. 도톰해서 귀여워요.

가운데 공간에는 자주 넣고 빼는 스마트폰 같은 물건을 넣으세요.

13
주머니가 많아서 편리한 토트백

난이도: ★★★☆☆

a b

주머니 6개를 뺑 돌아가며 달아 준 가방.
소지품을 정리하기 편해서 매일 외출할 때도 좋아요.

주머니가 많아서 편리해요!

장지갑이 쏙 들어가요. 주머니는 스마트폰을 넣기에 딱 좋은 크기예요.

음료수 홀더를 달았어요.

바닥감을 2㎝ 길게 하는 것이 포인트. 이렇게 하면 아랫부분이 단단해져서 가방이 잘 서 있답니다.

만드는 법 ▶78쪽

https://youtu.be/s6DIk1gyGbQ

PART 3

수납력이 돋보이는 실용 만점 가방과 파우치

귀엽고 사랑스러운 디자인에 수납력까지 돋보이는
실용적인 가방과 파우치를 모았습니다.
인테리어 소품으로 활용할 수도 있고 일상에서 편리하게 쓸 수 있는
독특하고 재미있는 가방과 파우치를 만들어 보세요.

14 수납력 만렙 화장품 파우치

만드는 법 ▶81쪽

난이도: ★★☆☆☆

입구를 꽉 조이면 지붕 같은 모습이 되어서 귀여워요. 손잡이가 달려 있어서 들고 다니기도 편한 화장품 파우치입니다.

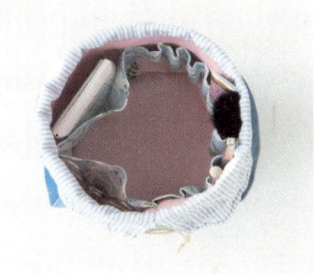

큰 칸막이가 2개, 작은 칸막이가 10개 있습니다.

사용할 때는 위의 복주머니 부분을 겉으로 접습니다. 그러면 내용물이 잘 보여서 꺼내기 편해요!

꺼내기 편해요!

15
집에 하나 있으면 편리한 도구 가방

문구류나 재봉 도구, 뜨개바늘, 주방용품 등 다양한 물건을 수납할 수 있는 도구 가방.
인스타그램에서도 화제가 되었던 인기 아이템입니다.

난이도: ★★★★☆

만드는 법 ▶
a…84쪽
b…86쪽

a https://youtu.be/uVt_ZI9GEZs
b https://youtu.be/1JBEbSdPgPU

이렇게 많이 들어가요!

걸어 둘 수도 있습니다.

손잡이는 탈부착이 가능해요.

간단해요!

조금 어려워요!

둥근 바닥을 박기가 어려운 사람은 왼쪽의 네모난 가방부터 만들어 보세요.

와이어 프레임 3단 활용!

와이어 프레임을 주부 재봉씨만의 참신한 아이디어로
파우치, 가방, 수납 케이스에 활용했습니다.

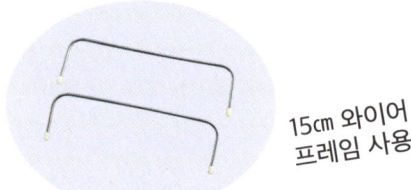

15cm 와이어 프레임 사용

16 단추 잠금 파우치

만드는 법 ▶ 88쪽

https://youtu.be/2oq76pPc-Qw

지퍼를 달 필요가 없어요.

난이도: ★☆☆☆☆

와이어 프레임 파우치는 보통 지퍼를 달지만, 발상을 전환하여 단추로 잠그도록 만들었어요. 번거로운 지퍼 달기 과정이 없어서 매력적이지요.

입구가 크게 벌어져서 물건을 꺼내기 편해요.

지퍼가 아니라 단추만 달면 되니까 만들기 간단해요.

17 미니 가방

난이도: ★☆☆☆☆

이런 건 아무도 생각하지 못했죠! 와이어 프레임을 손잡이로 사용한 미니 가방이랍니다.
스마트폰, 손수건, 열쇠 등을 넣어서 가까운 데 외출할 때 사용해 보세요.

와이어 프레임을 손잡이로 사용했어요.

만드는 법 ▶ 90쪽

https://youtu.be/4pMobZ-H3hY

18 벽걸이 수납 케이스

난이도: ★★☆☆☆

a

와이어 프레임을 케이스 입구에

b

와이어 프레임의 방향을 바꿔서 수평으로 사용하면 뚜껑 달린 직사각형 소품함을 만들 수 있어요. 푸시핀으로 벽에 달아서 사용할 수도 있습니다.

c

와이어 프레임을 케이스 입구에 넣었어요. 재봉실이나 마스킹테이프를 수납하기에도 좋아요.

만드는 법 ▶ 92쪽

https://youtu.be/y4d5TsCcaA0

난이도: ★★★★★

19 활짝 열리는 착붙 필통

a

b

손잡이를 당기면 지퍼 2개가 열리는 재미있는 필통. 입구 위쪽에는 자석이 숨어 있어서 닫을 때 착 붙어요. 게다가 우유팩처럼 열려서 필통을 세운 상태로도 사용할 수 있어요.

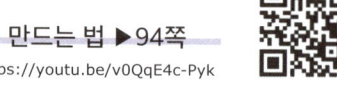

만드는 법 ▶ 94쪽
https://youtu.be/v0QqE4c-Pyk

입구의 위쪽 속에는 자석이 들어 있어요.

지퍼를
쭉 내려
착 열면

금방 꺼낼 수
있어요.

연필꽂이처럼
세워서 사용하죠.

작품을 만들기 전에
양재의 기초를 소개합니다. 만들기 전에 쭉 읽고 확인해 두세요.

[갖춰 두면 편리한 도구와 재료]

패턴지
실물 크기 본을 만들 때 사용하는 얇고 비치는 종이. 까끌까끌한 면을 위로 오게 놓고 본을 옮겨 그립니다.

문진
실물 크기 본을 옮겨 그릴 때나 옷감에 본을 옮겨 그릴 때 어긋나지 않도록 위에 올려놓고 사용합니다.

자
길이를 재거나 선을 그릴 때 씁니다. 투명하고 모눈이 인쇄되어 있으면 시접 선을 그릴 때 편리합니다.

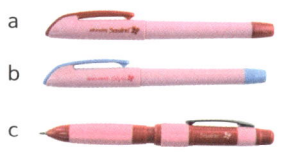
a
b
c

초크 펜·옷감용 샤프펜슬
옷감에 표시할 때 사용합니다. a는 시간이 지나면 사라지는 펜, b는 물에 닿으면 사라지는 펜입니다. c는 샤프펜슬 타입이라 쓰기 편합니다.

재단 가위
옷감을 자르는 가위입니다. 종이를 자르면 가위가 잘 들지 않게 되므로 종이를 자를 때는 다른 가위를 준비합니다.

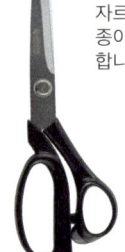

쪽가위
실을 자르는 가위. 세밀한 작업을 할 때도 씁니다.

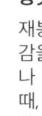

송곳
재봉틀로 박을 때 옷감을 앞으로 보내거나 모서리를 정리할 때, 바늘땀을 풀 때 씁니다.

시침핀
옷감을 고정할 때 사용합니다.

시침 클립
시침핀을 사용할 수 없는 라미네이트나 두꺼운 옷감 등을 고정할 때 씁니다.

60번 재봉실
이 책의 작품은 모두 60번 재봉실을 사용했습니다. 재봉틀 바늘은 옷감의 두께에 따라 11~14호를 씁니다.

마스킹테이프
재봉틀 바늘판에 붙여서 박을 때 가이드로 사용하거나 라미네이트를 고정할 때 씁니다.

[본 만들기]

실물 크기 본을 옮겨 그리는 법

※ 이 책의 실물 크기 본에는 지정된 것 이외에는 시접이 포함되지 않았습니다. 정해진 시접을 두어 옷감을 마름질하세요.
※ 만드는 법에 나오는 숫자의 단위는 cm입니다.

① 만들고 싶은 작품의 실물 크기 본에 패턴지를 겹치고, 어긋나지 않도록 문진을 올려놓습니다.

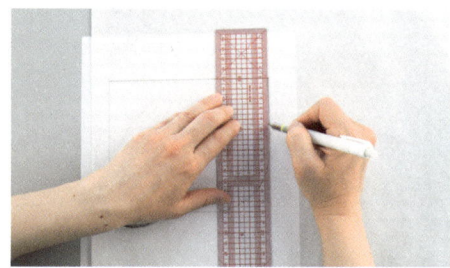

② 자를 대고 어긋나지 않도록 선을 옮겨 그립니다.

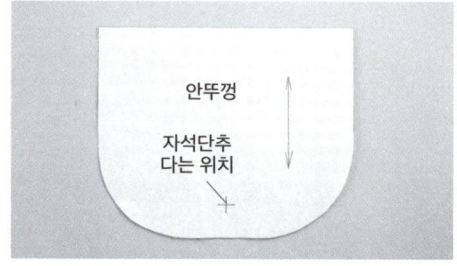

③ 주머니 등을 다는 위치, 맞춤 표시, 식서 방향선 등을 잊지 말고 옮겨 그리고 모양대로 자릅니다.

제도·옷본 기호

완성선	안내선	골선
———	———	— — —
식서 방향선	접음선	재봉선
←——→	— - —	- - - -
자석단추	주름 접는 법을 표시한다	
+	b⟋⟋a ➡ b⟍a	

※ 식서 방향선: 화살표 방향에 옷감의 세로 방향을 맞춘다.

옷감을 마름질하는 법

만드는 법 페이지의 '옷감을 마름질하는 법'을 참고하여 옷감 위에 실물 크기 본을 놓고 시접을 두어서 마름질합니다. 실물 크기 본이 없는 작품은 옷감에 초크 펜 등으로 직접 선을 그려서 마름질하세요. 마름질하는 법 그림에 있는 옷감 폭은 지정된 것 이외에는 시판 옷감 폭과 다르며 작품을 만들 때 필요한 옷감 폭을 표기한 것입니다.

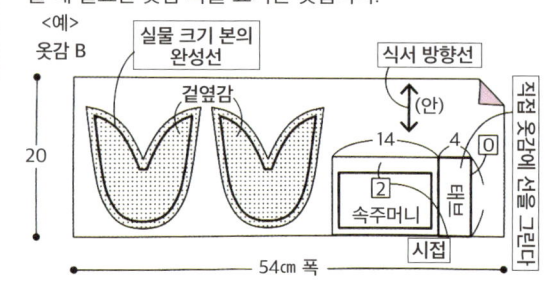

'골선'이 있는 본

'골선'이란 반으로 접은 상태를 표시한 선입니다. 옷감을 반으로 접은 상태로 마름질하든가, 본을 옮겨 그린 뒤에 그 본을 뒤집어서 '골선'을 맞추고 표시하여 펼친 본을 만들어서 마름질합니다.

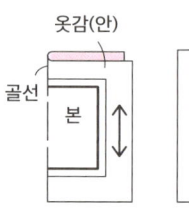
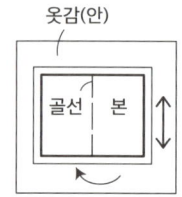

[접착심지·접착퀼트심지 붙이기]

접착심지 옷감에 힘을 더해주어 보강하거나 형태가 망가지는 것을 막기 위해 붙입니다. 이 책에서는 3가지 두께 접착심지를 사용합니다.

접착퀼트심지 옷감에 두께를 더해 주고 폭신한 느낌으로 만들 때 사용합니다.

두꺼운 타입

조금 두꺼운 타입

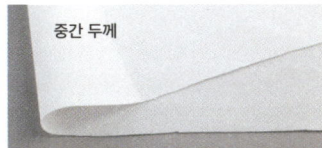
중간 두께 타입

접착심지 붙이는 법
접착심지의 접착면을 옷감 안쪽면에 맞댑니다. 접착심지 위에 덧천을 대고, 다리미를 옆으로 밀지 말고 틈이 생기지 않도록 조금씩 움직이며 누르듯이 다려 줍니다.

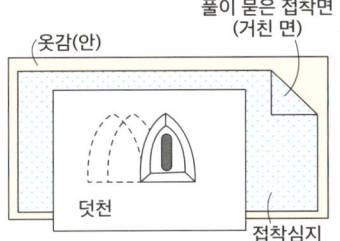

접착퀼트심지 붙이는 법
접착퀼트심지의 접착면을 옷감 안쪽에 맞댑니다. 옷감의 겉쪽에서 덧천을 댑니다. 붙이는 법은 일반 접착심지와 같지만, 너무 세게 눌러서 퀼트심지가 짓눌리지 않도록 주의합니다.

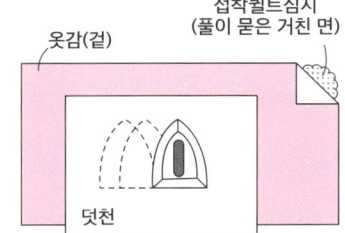

[재봉틀 바느질법]

●박기 시작할 때와 마칠 때
박기 시작할 때와 마칠 때는 되박음질을 합니다. 되박음질은 솔기가 풀리지 않도록 같은 땀 위를 2~3번 겹쳐서 박는 방법입니다.

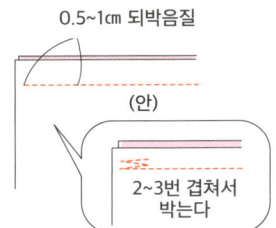

●모서리 박는 법
모서리 1땀을 빼고 박으면, 겉으로 뒤집었을 때에 모서리가 깔끔하게 나옵니다.

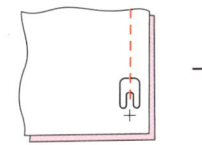
모서리 1땀 앞에서 바늘을 꽂은 상태로 재봉틀 노루발을 올리고 옷감을 돌립니다.

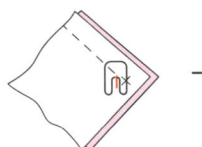
노루발을 내리고 1땀을 비스듬히 박습니다.

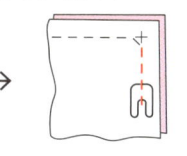
바늘을 꽂은 채로 노루발을 올리고 옷감을 돌린 뒤에 계속해서 박습니다.

POINT

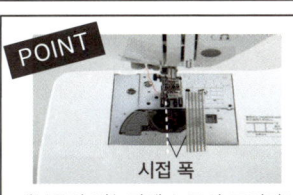
시접 폭

재봉틀의 바늘판에 눈금이 표시되어 있지 않을 때는 마스킹테이프를 시접 폭 위치에서 바늘판에 붙입니다. 마스킹테이프에 옷감 가장자리를 맞춰서 박으면 가이드가 되므로 박을 위치에 선을 그리지 않아도 일정한 폭으로 똑바로 박을 수 있습니다.

[라미네이트 소재 다루는 법]

마름질하는 법

라미네이트 원단을 시침핀으로 고정하면 구멍이 나기 때문에 문진으로 눌러서 고정합니다. 모서리는 마스킹테이프로 살짝 고정해 둡니다.

박는 법 재봉틀 노루발을 '테플론 노루발'로 바꾸거나 '허리 심지'를 노루발 밑에 깔고 박습니다.

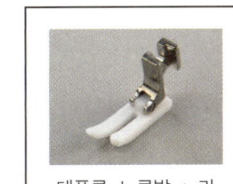
테플론 노루발 : 라미네이트는 잘 미끄러지지가 않으므로 전용 노루발을 사용합니다.

or

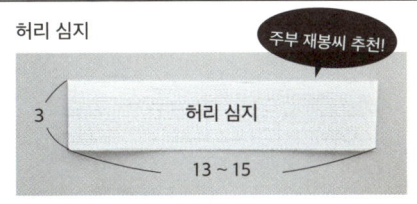
주부 재봉씨 추천!
허리 심지 : 3㎝ 폭 허리 심지를 13~15㎝ 정도로 잘라서 노루발 밑에 깔고 박으면 라미네이트가 잘 미끄러져서 일반 옷감과 같은 식으로 박을 수 있습니다.

POINT

박을 때 쉽게 늘어나는 두꺼운 퀼팅지도 깔끔하게 박을 수 있습니다.

● 허리 심지 사용법

① 시침핀을 사용하면 라미네이트에 구멍이 나므로 시침 클립으로 고정합니다.

② 허리 심지를 노루발 밑에 깔고 박습니다.

③ 손으로 시접을 벌립니다.

④ 시접을 누르기 위해서, 같은 방식으로 허리 심지를 깔고 겉쪽에서 박습니다.

POINT LESSON

자석단추(박는 타입) 다는 법

14P 3

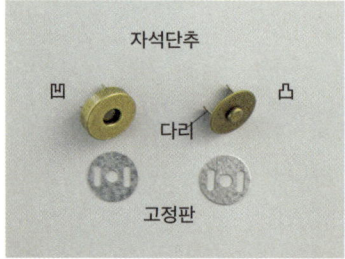

자석으로 고정하는 단추. 박아서 다는 타입입니다.

① 접착심지를 붙인 옷감 겉쪽에 초크 펜으로 단추 달 위치를 표시합니다.

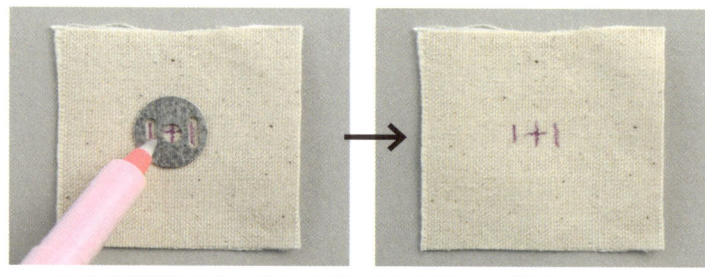

② ①에 고정판을 맞추고 단추 다리를 끼울 위치를 표시합니다.

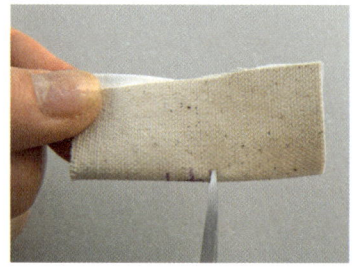

③ ②를 반으로 접어서 가위집을 넣습니다.

④ 자석단추의 다리를 끼웁니다.

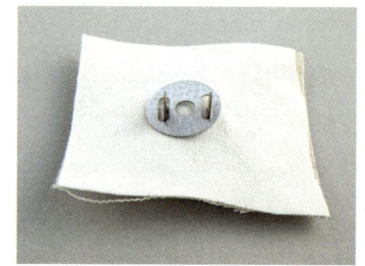

⑤ 고정판을 끼웁니다.

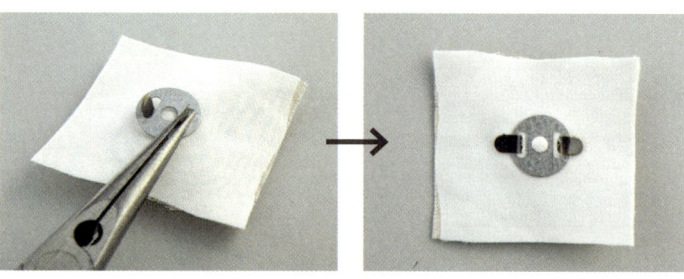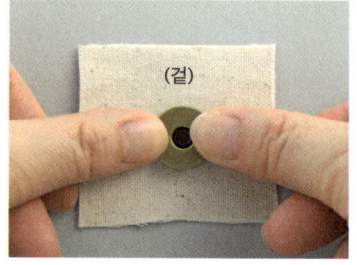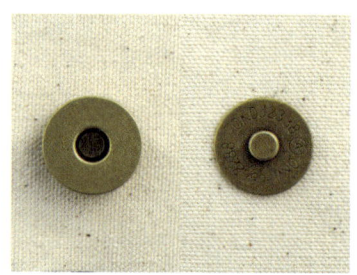

⑥ 단추 다리를 펜치로 잡아서 바깥쪽으로 구부립니다.

⑦ 옷감을 겉으로 뒤집고, 단추 다리가 확실하게 구부러지도록 탁자 위에 대고 누릅니다.

⑧ 다른 한쪽 단추도 같은 방법으로 답니다.

와이어 프레임 끼우는 법

 44P 16  44P 17  45P 18

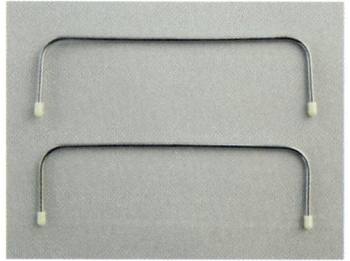

폭 15㎝×높이 5㎝ 와이어 프레임.

① 와이어 프레임을 몸판의 프레임 끼우는 구멍 속에 집어넣습니다.

② 와이어 프레임을 반대쪽에 있는 프레임 끼우는 구멍까지 끼워 줍니다.

③ 와이어 프레임이 양쪽으로 다 끼워진 모습.

플라스틱 똑딱단추 다는 법

16P 4 　18P 5　　22P 7 　36P 12

손으로 달 수 있는 타입의 플라스틱 똑딱단추.
머리　밑판(凹)　머리　밑판(凸)

① 단추 달 위치에 송곳으로 구멍을 뚫습니다.

② 구멍 밑에서 단추 머리의 끝을 끼우고 밑판(凹)을 위에서 맞댑니다.

③ 손가락으로 잡고 딸깍 소리가 날 때까지 힘껏 밀어 줍니다.

밑판(凹)　머리

④ 밑판(凸)도 같은 방법으로 답니다.

[라미네이트 원단에 달 때]

① 단추 달 위치의 뒷면에 가로·세로 1.5㎝ 크기의 힘받이천을 올립니다.
(1.5 / 1.5 / (안) / 힘받이천(겉))

② 송곳으로 라미네이트 원단과 힘받이천을 같이 찔러서 구멍을 뚫습니다.

③ 위와 같은 방법으로 플라스틱 똑딱단추를 달아 줍니다.
밑판(凹)　머리

숨김자석 만드는 법   46P 19

1.5㎝ 폭 능직테이프 12㎝, 8㎝, 자석 1쌍.

① 능직테이프를 반으로 접어서 위쪽과 가운데를 사진에 있는 모양대로 꿰맵니다.
(6 / 0.2 / 1 / 0.2 / 반으로 접는다 / 1 / 4)

② 능직테이프 가운데에 자석 +와 -를 1개씩 넣습니다.

③ 테이프 아래쪽을 시침 클립으로 고정합니다.
(4 / 6)

④ 능직테이프 2장을 겹치고 자석의 붙는 쪽을 확인합니다. (주의!)

⑤ 초크 펜으로 각각 표시합니다.

⑥ 능직테이프의 표시한 쪽을 단추 다는 위치의 옷감 안쪽에 맞춰서 집어넣은 뒤에 박아 줍니다(자세한 내용은 P.95 참조).
숨김자석을 넣는다

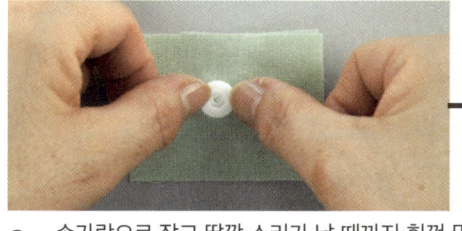
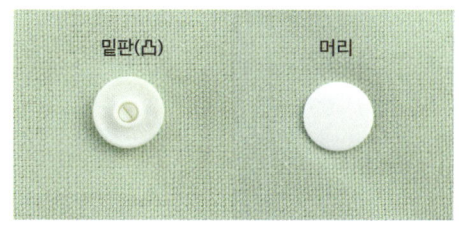

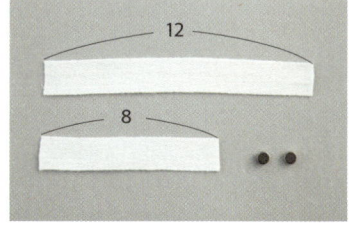
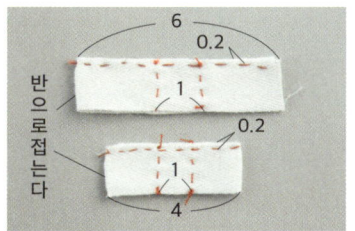
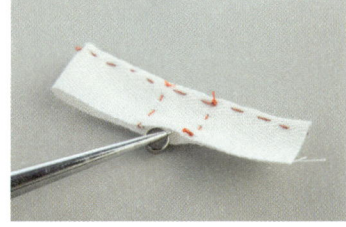
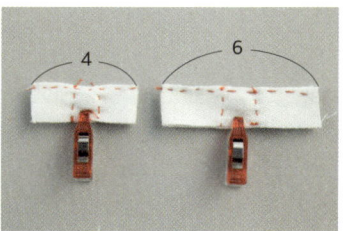

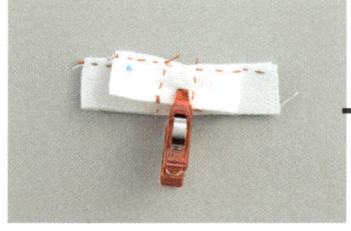
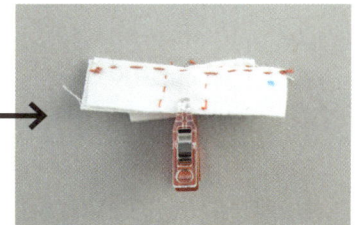
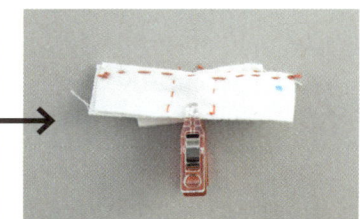

12P 2
옆폭이 없어도 벌어지는 가방

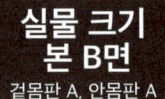

실물 크기 본 B면
겉몸판 A, 안몸판 A

[재료]
옷감 A (면 꽃무늬) 폭 40㎝×40㎝
옷감 B (옥스퍼드 민무늬) 폭 25㎝×30㎝
옷감 C (면 글리터무늬) 폭 50㎝×40㎝
접착심지 조금 두꺼운 타입 폭 50㎝×40㎝
D자 고리 1㎝ 2개
자석단추 지름 1.8㎝ 꿰매는 타입 1쌍

[준비 작업] 겉몸판 A, 겉몸판 B의 뒷면에 접착심지를 붙인다.

옷감을 마름질하는 법

※ 겉몸판 B, 안몸판 B, 태브, 주머니는 본이 없으니 옷감에 직접 선을 그려서 마름질한다.
※ □ 안은 시접. 정해진 것 이외에는 1㎝.
※ ▭ 는 안쪽면에 접착심지를 붙인다.

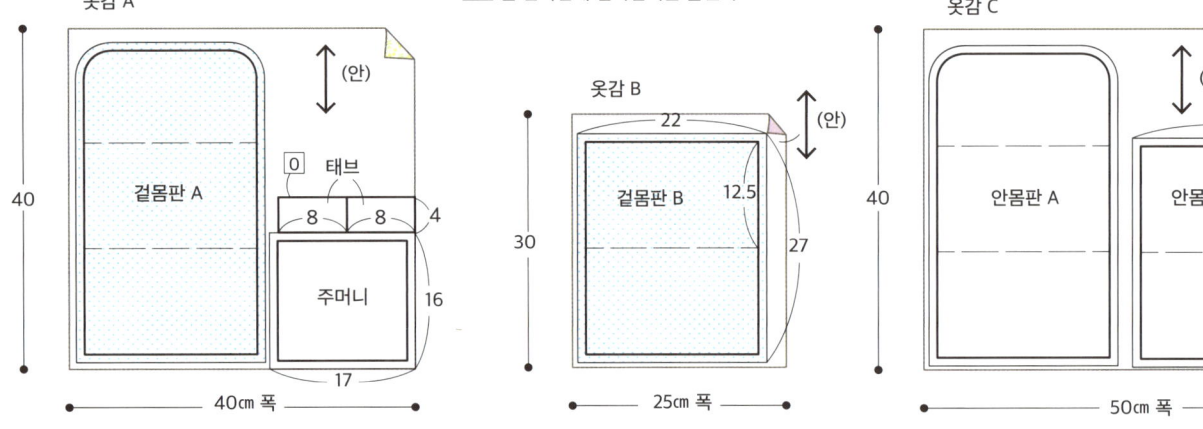

[만드는 법]

1. 주머니를 만든다.

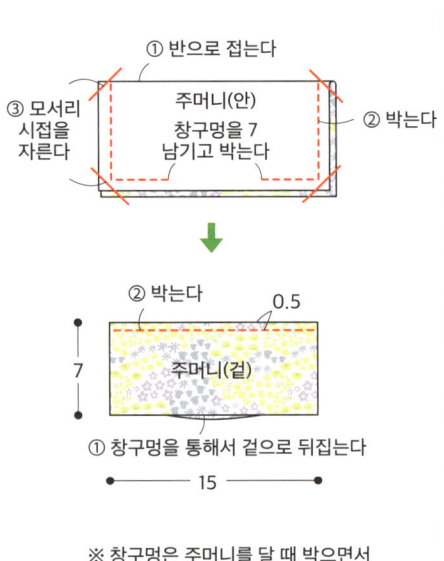

※ 창구멍은 주머니를 달 때 박으면서 막히니까 그대로 둔다.

2. 몸판 A를 만든다.

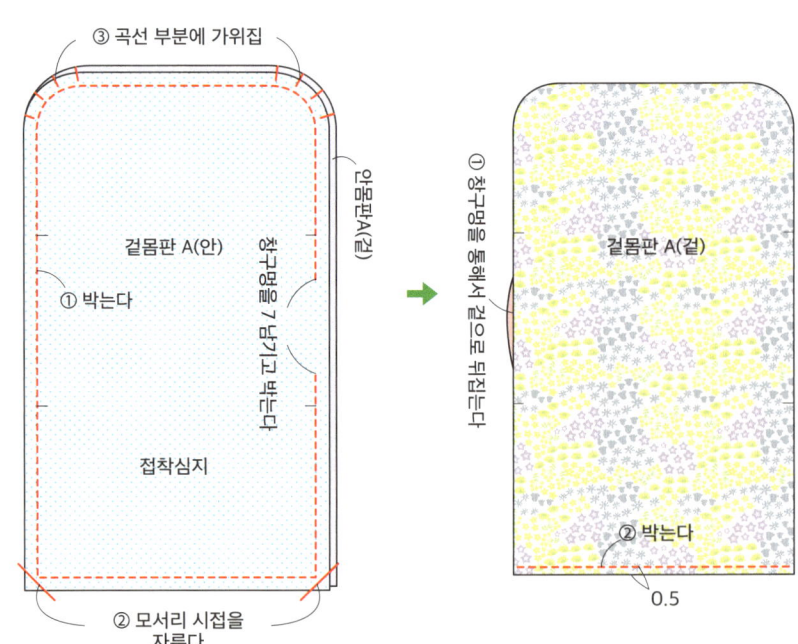

3. 몸판 B를 만든다.

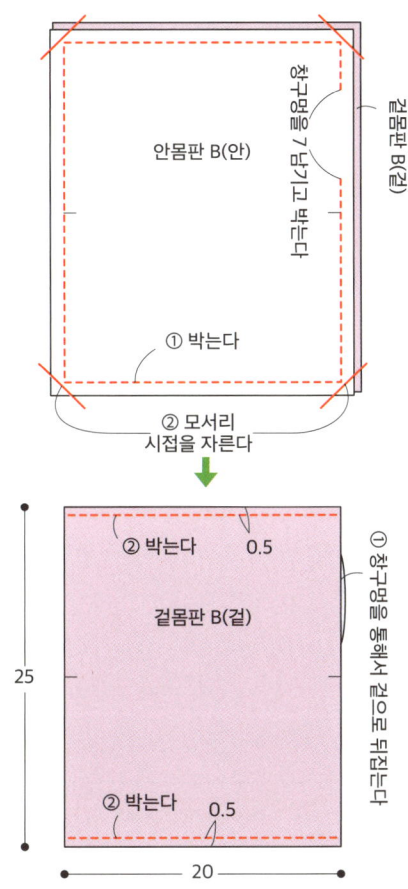

4. 태브를 만들어서 겉몸판 B에 단다.

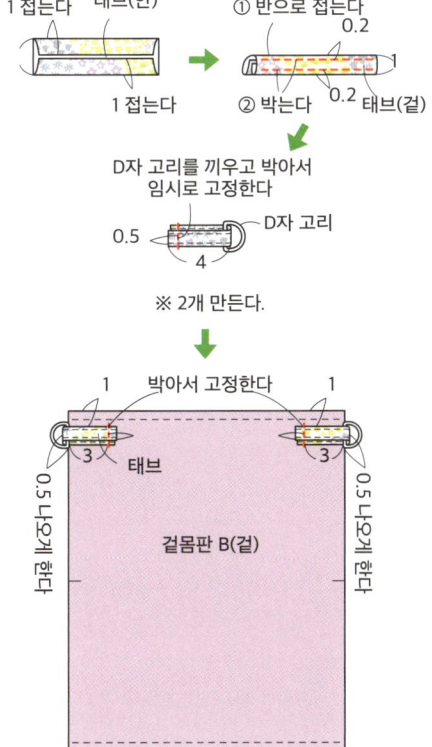

5. 안몸판 A에 주머니를 단다.

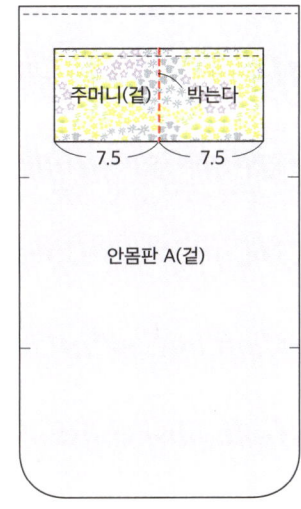

6. 몸판 A와 몸판 B를 맞대고 주머니를 이어서 박는다.

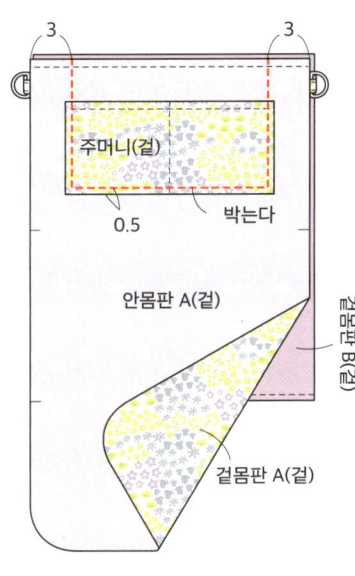

7. 몸판 A와 몸판 B의 바닥을 접는다.

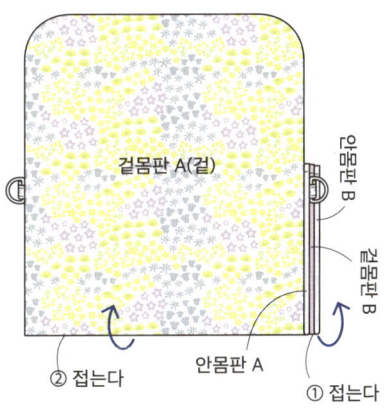

8. 몸판 B의 옆선을 박는다.

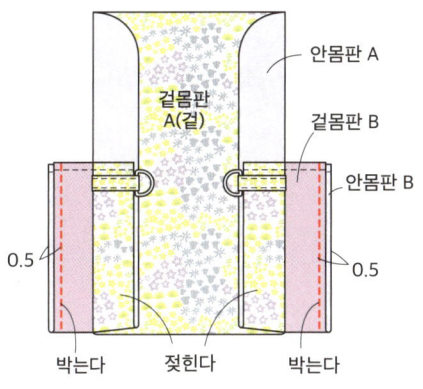

9. 몸판 A의 옆선과 뚜껑 주위를 이어서 박는다.

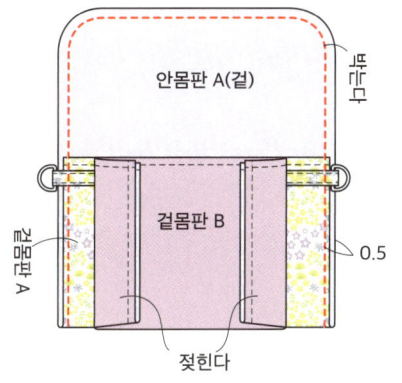

10. 자석단추를 단다.

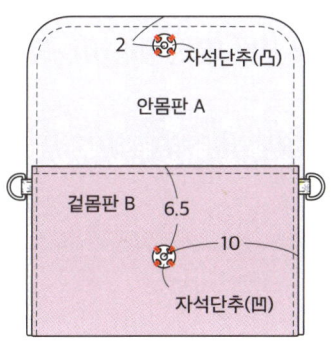

※ 자석단추 다는 법은 P.31 참조.

[완성]

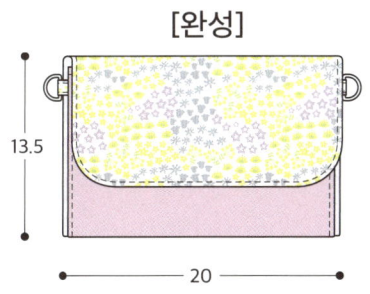

14P 3
손잡이 다는 법이 독특한 가방

[재료]
겉감 (옥스퍼드 튤립무늬) 폭 110㎝×35㎝
안감 (옥스퍼드 민무늬) 폭 110㎝×70㎝
접착심지 조금 두꺼운 타입 폭 94㎝×60㎝
자석단추 지름 1.8㎝ 박는 타입 1쌍
[준비 작업] 겉몸판, 바닥감의 안쪽면에 접착심지를 붙인다.

옷감을 마름질하는 법

※ 이 작품은 본이 없으니 옷감에 직접 선을 그려서 마름질한다.
※ □ 안은 시접. 정해진 것 이외에는 1㎝.
※ ▨ 는 안쪽면에 접착심지를 붙인다.

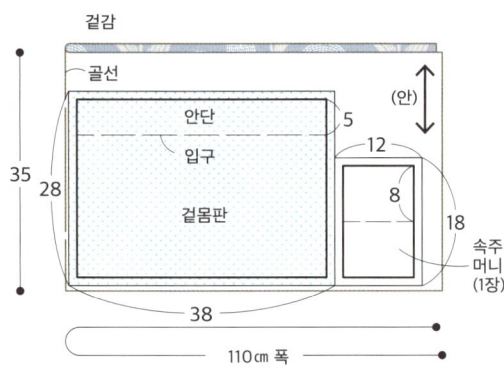

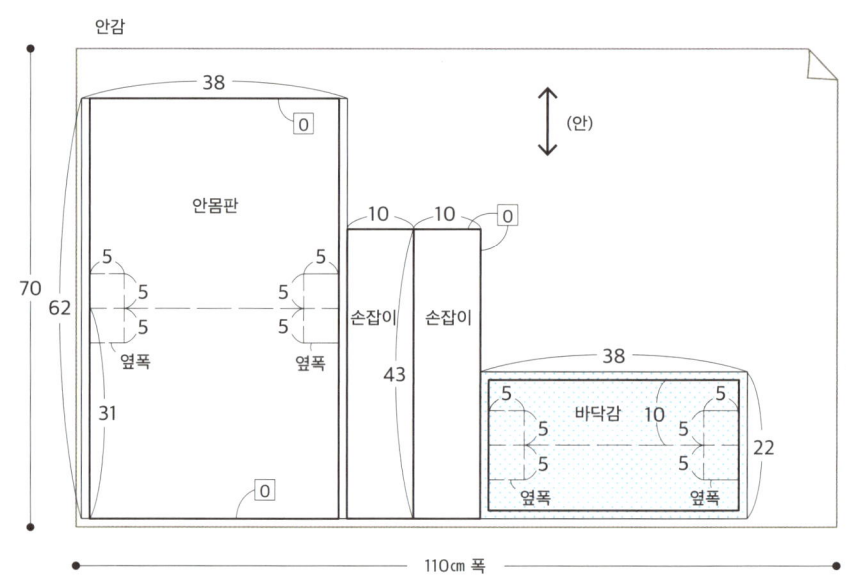

[만드는 법]

1. 겉몸판과 바닥감을 박는다.

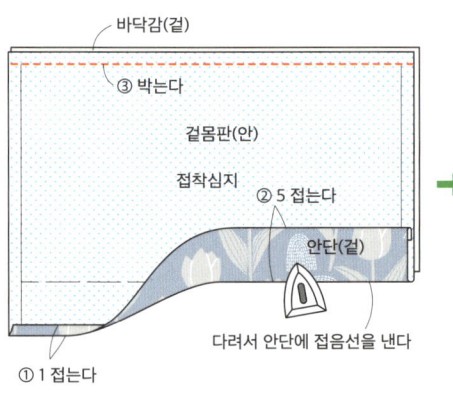

2. 겉몸판의 옆선을 박는다.

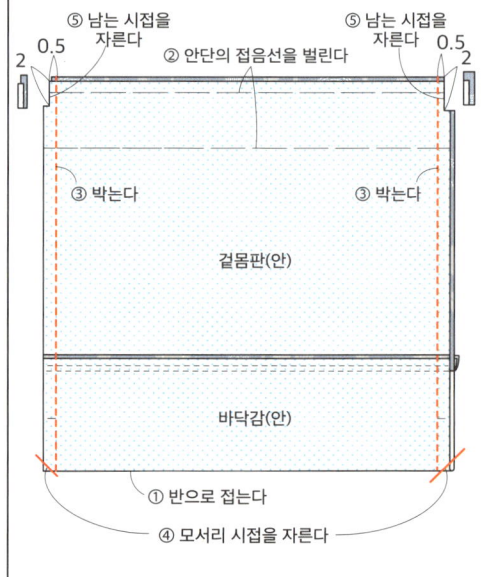

3. 겉몸판의 옆폭을 박는다.

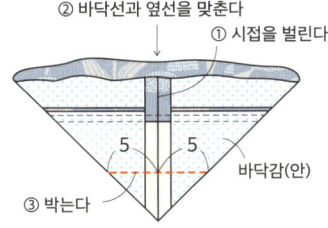

4. 속주머니를 만들어서 안몸판에 단다.

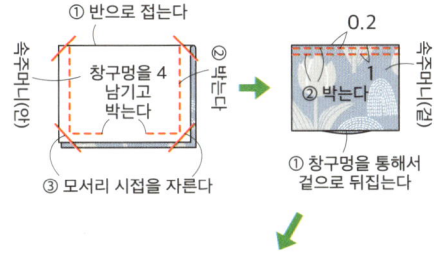

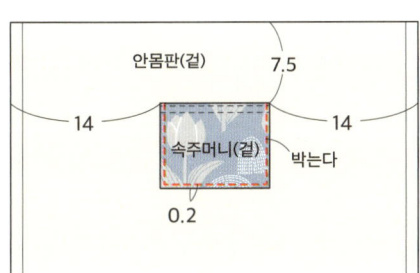

5. 안몸판의 옆선을 박는다.

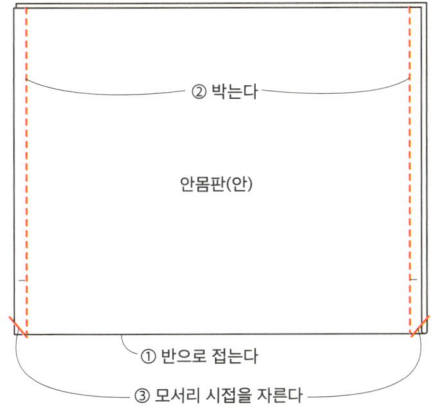

6. 안몸판의 옆폭을 박는다.

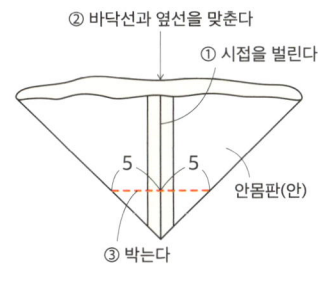

7. 겉몸판과 안몸판을 맞대고 옆폭 시접을 박는다.

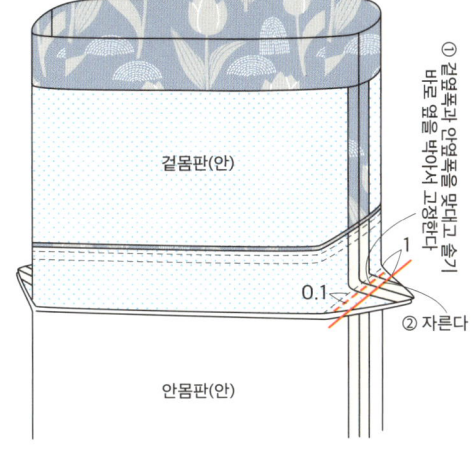

8. 안단을 박는다.

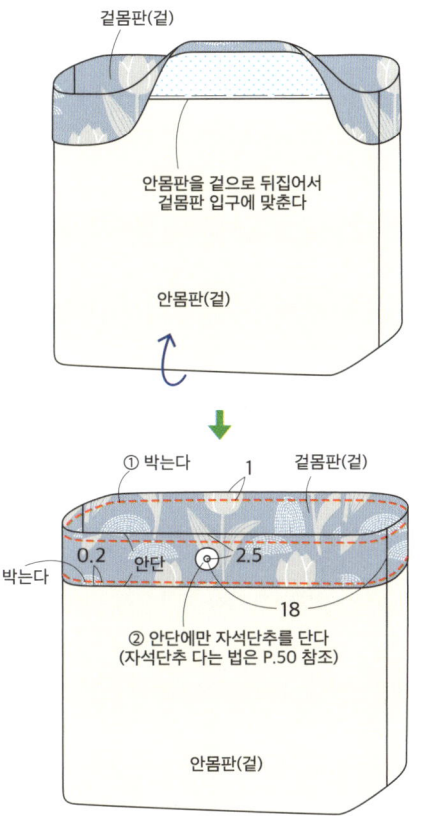

9. 손잡이를 만든다.

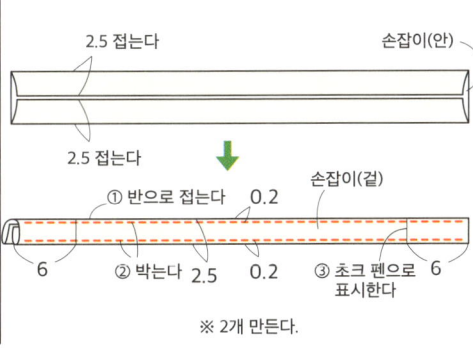

※ 2개 만든다.

10. 손잡이를 단다.

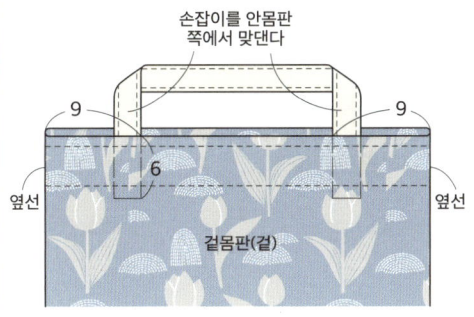

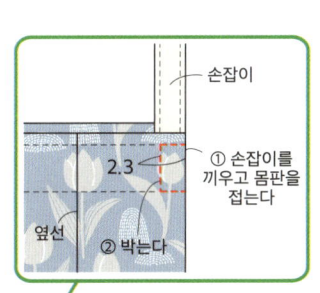

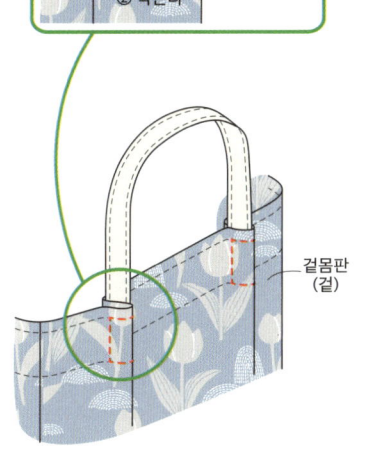

[완성]

55

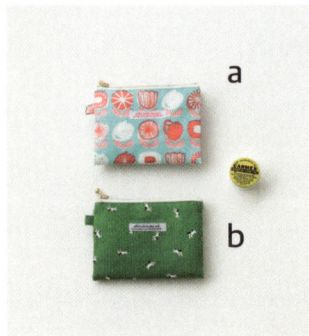

16P 4
마스크도 들어가는 만능 티슈 파우치

[a 재료]
겉감 (라미네이트 꽃무늬) 폭 50cm×20cm
안감 (폴리에스테르 민무늬 흰색) 폭 70cm×20cm
금속 지퍼 12cm 1개
플라스틱 똑딱단추 지름 1.3cm 1쌍
라벨 폭 5.5cm×1cm 1개

[b 재료]
겉감 (면 강아지무늬) 폭 50cm×30cm
안감 (면 줄무늬) 폭 70cm×20cm
접착심지 중간 두께 타입 폭 30cm×20cm
금속 지퍼 12cm 1개
플라스틱 똑딱단추 지름 1.3cm 1쌍
라벨 폭 5.5cm×1cm 1개

[준비 작업] b의 겉몸판 A, 겉몸판 B의 안쪽면에 접착심지를 붙인다.

옷감을 마름질하는 법

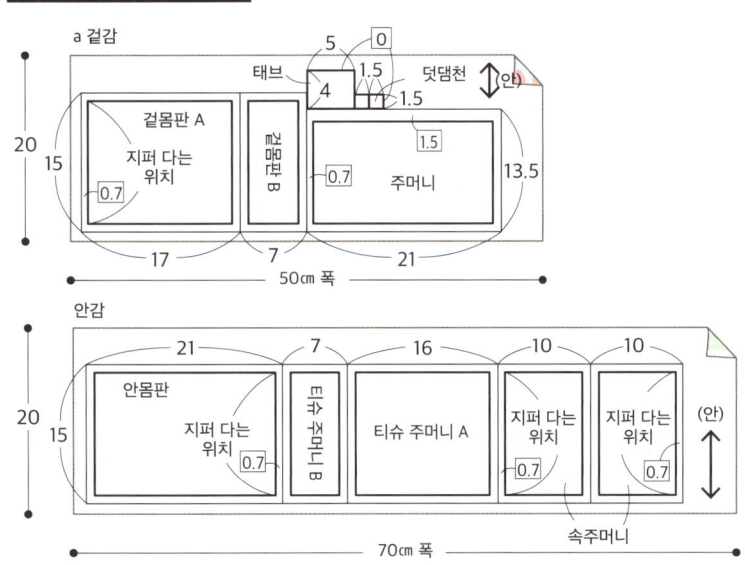

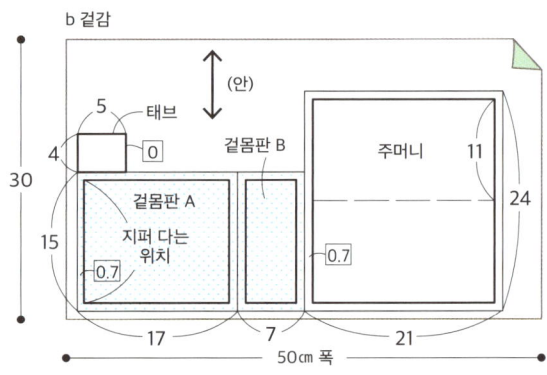

※ 이 작품은 본이 없으니 옷감에 직접 선을 그려서 마름질한다.
※ □ 안은 시접. 정해진 것 이외에는 1cm.
※ ▨ 는 안쪽면에 접착심지를 붙인다.

[만드는 법]

1. 겉몸판 A와 티슈 주머니 A를 박는다.

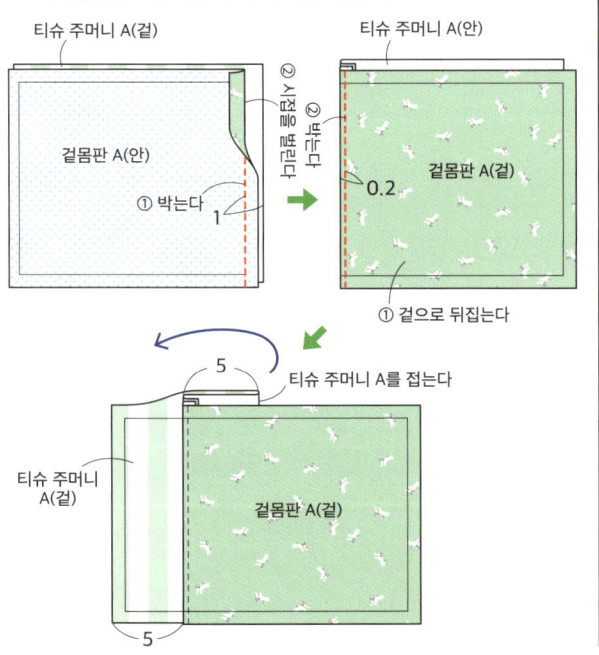

2. 겉몸판 B와 티슈 주머니 B를 박는다.

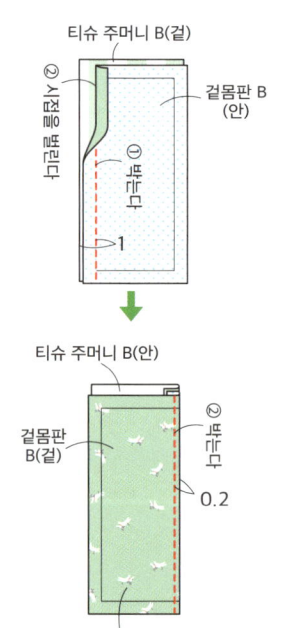

3. 겉몸판 A에 겉몸판 B를 겹치고 박는다.

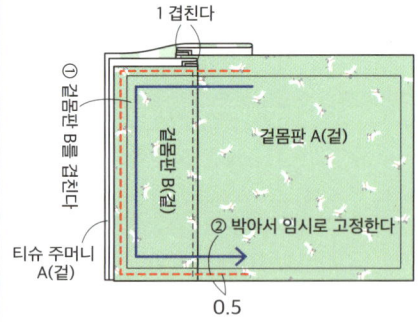

4. 겉몸판 A에 지퍼를 단다.

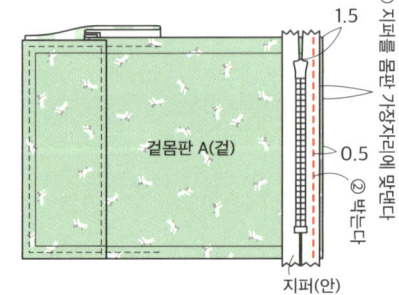

5. 태브를 만들어서 단다.

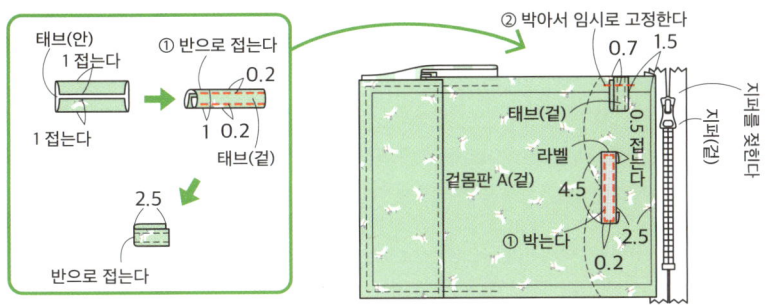

6. 5에 속주머니를 겹치고 박는다.

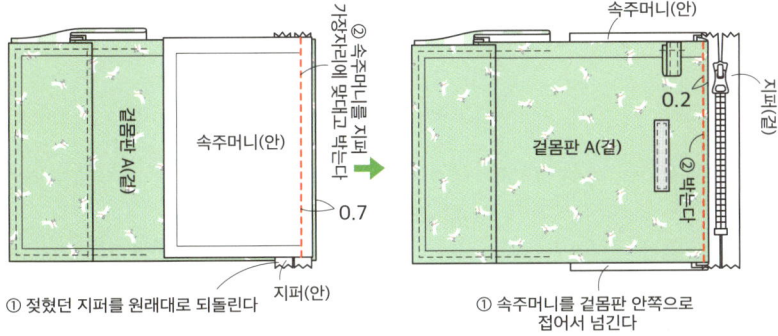

7. 주머니를 만들어서 안몸판에 단다.

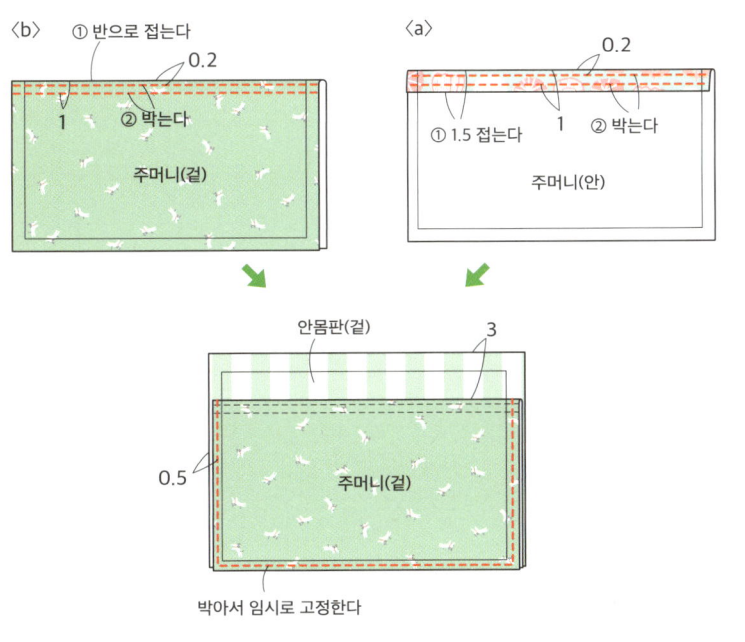

8. 6에 안몸판을 겹치고, 아래에 나머지 속주머니를 맞대서 박는다.

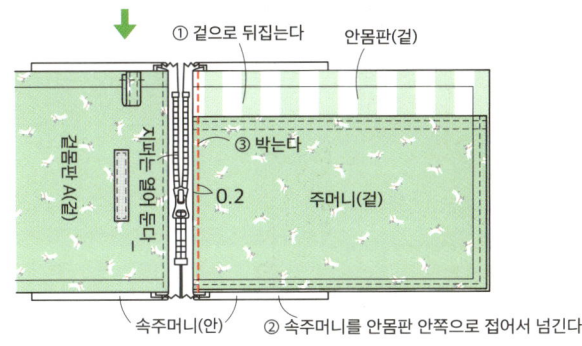

9. 겉몸판 A와 안몸판을 맞대고 속주머니끼리 맞대서 주위를 박는다.

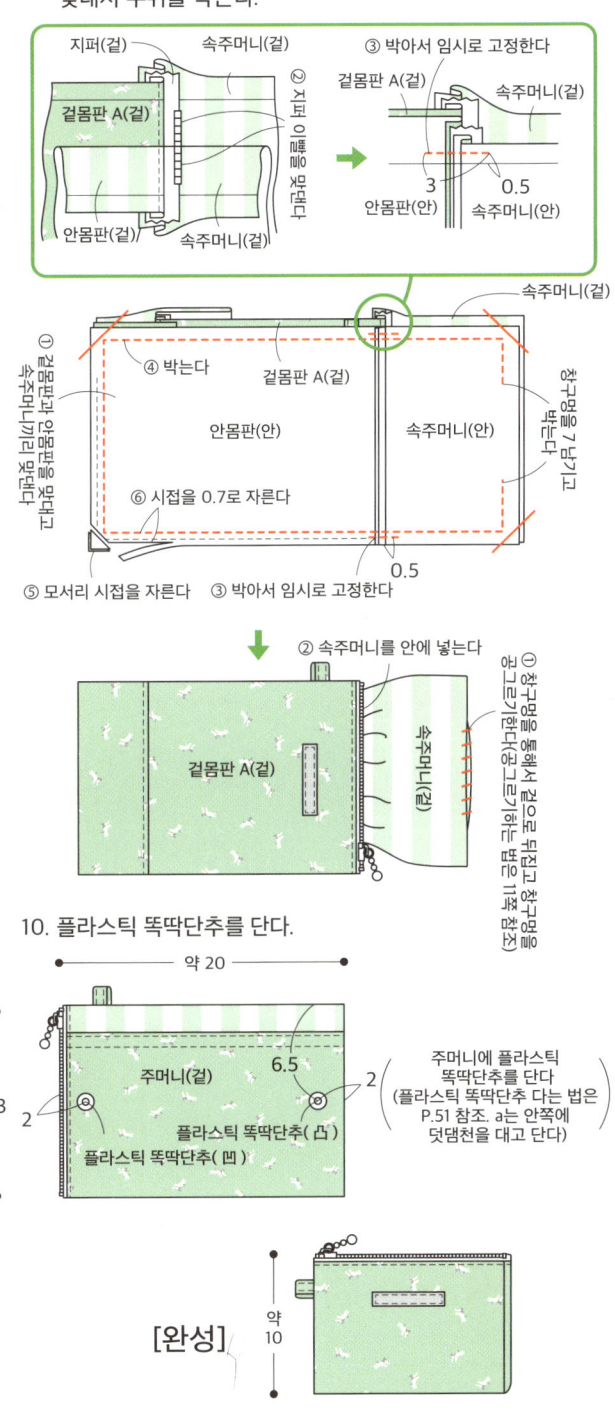

10. 플라스틱 똑딱단추를 단다.

[완성]

18P 5
입체적으로 벌어지는 동전 지갑

실물 크기 본 B면
겉몸판, 안몸판

[재료]
겉감 (면 꽃무늬) 폭 30㎝×30㎝
안감 (옥스퍼드 민무늬 황회색) 폭 45㎝×30㎝
접착심지 조금 두꺼운 타입 폭 30㎝×30㎝
플랫 니트 지퍼 15㎝ 1개
플라스틱 똑딱단추 지름 1.3㎝ 1쌍
[준비 작업] 겉몸판, 겉주머니의 안쪽면에 접착심지를 붙인다(시접분은 제외).

[만드는 법]

1. 몸판에 지퍼와 속주머니를 단다.

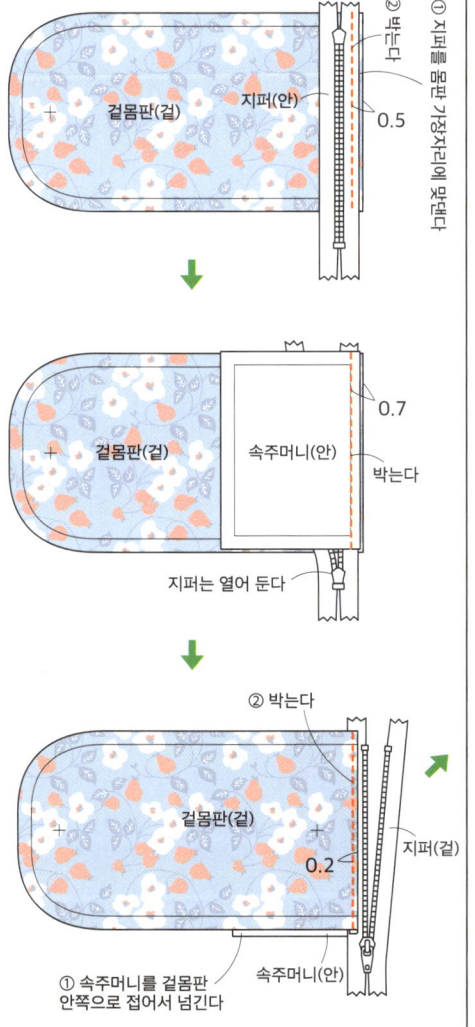

옷감을 마름질하는 법

※ 겉주머니, 안주머니, 속주머니는 본이 없으니 옷감에 직접 선을 그려서 마름질한다.
※ □ 안은 시접. 정해진 것 이외에는 1㎝.
※ ▨는 안쪽면에 접착심지를 붙인다.

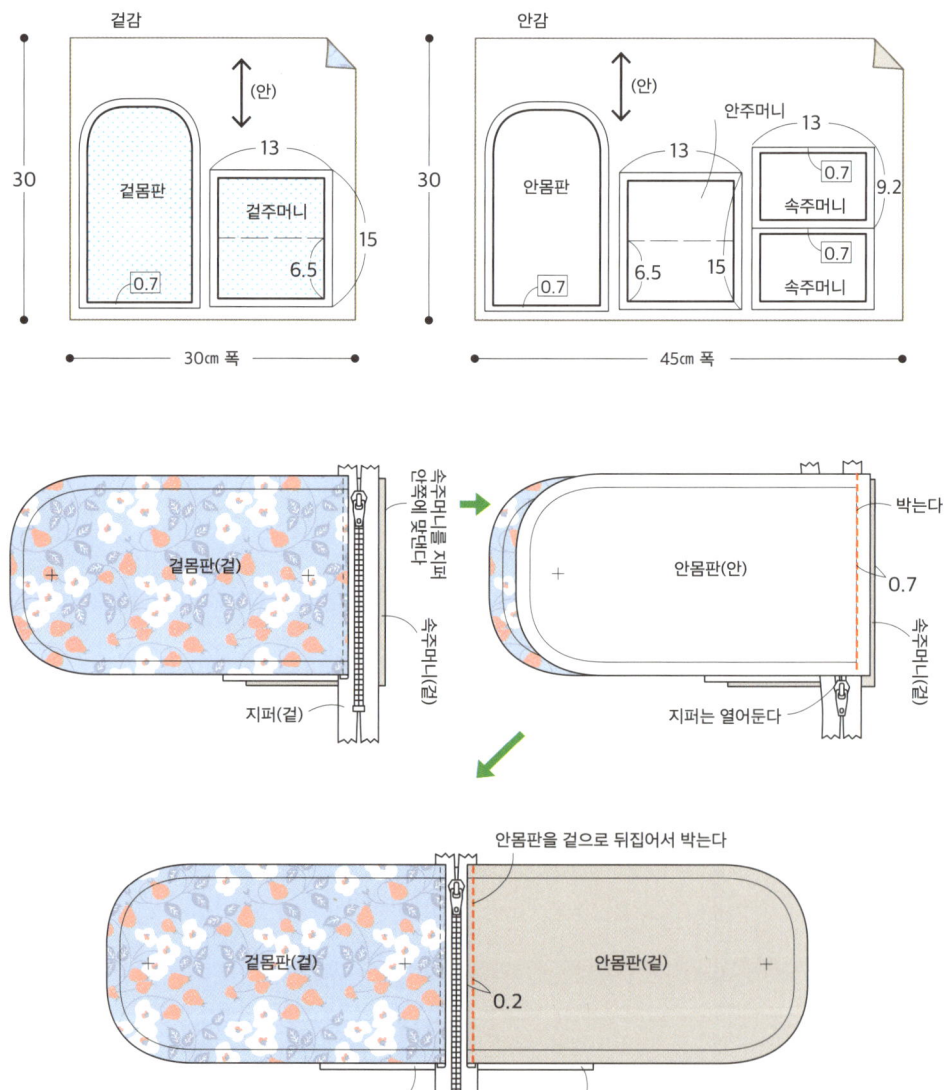

2. 겉몸판과 안몸판을 맞대고 속주머니끼리 맞대서 주위를 박는다.

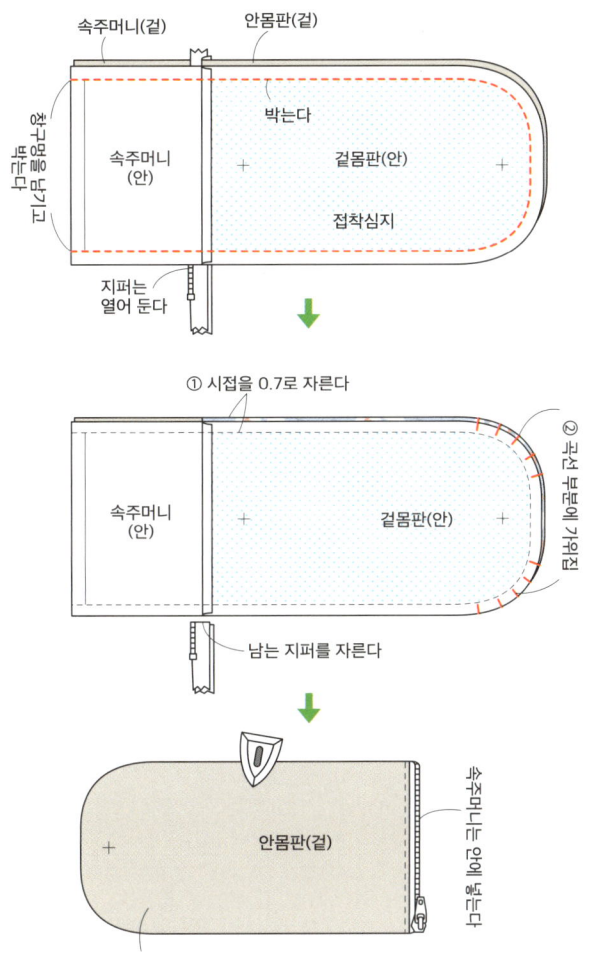

3. 주머니를 만든다.

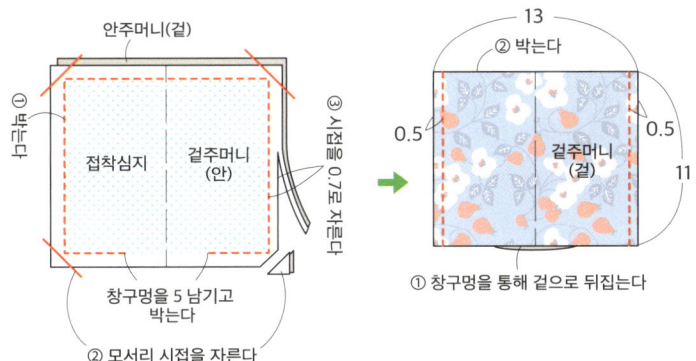

4. 몸판에 주머니를 단다.

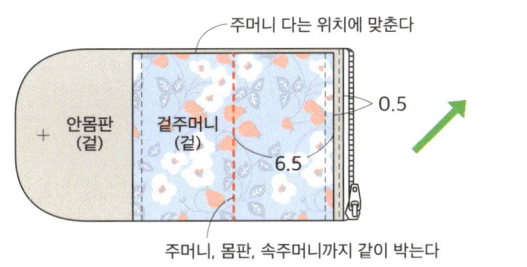

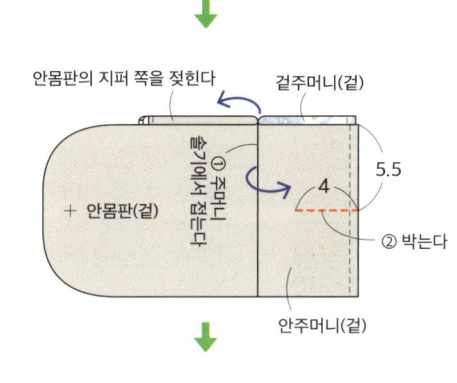

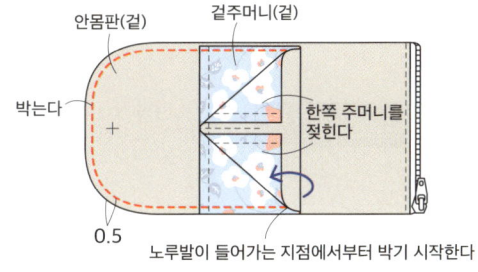

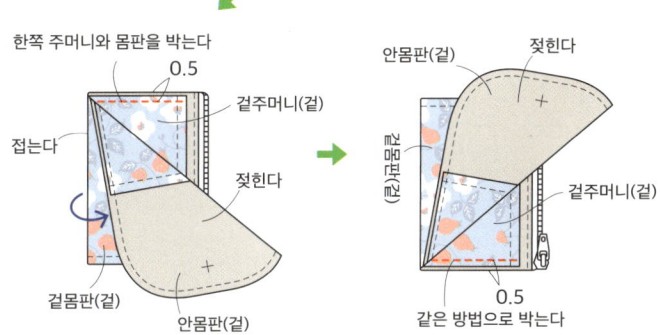

5. 플라스틱 똑딱단추를 단다.

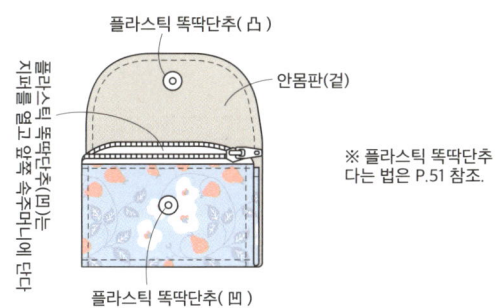

※ 플라스틱 똑딱단추 다는 법은 P.51 참조.

[완성]

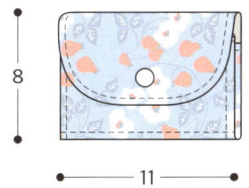

20P 6
귀여운 사다리꼴 미니 보스턴백

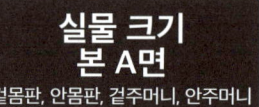

실물 크기
본 A면
겉몸판, 안몸판, 겉주머니, 안주머니

[a 재료]
겉감 (퀼팅 잔꽃무늬) 폭 80㎝×60㎝
안감 (옥스퍼드 민무늬 파우더블루) 폭 90㎝×70㎝
지퍼 흰색 35㎝ 1개
라벨 폭 1.5㎝×4.5㎝ 1개

[b 재료]
겉감 (퀼팅 꽃무늬) 폭 80㎝×60㎝
안감 (옥스퍼드 민무늬 핑크테라코타) 폭 90㎝×70㎝
지퍼 흰색 35㎝ 1개
라벨 폭 1.5㎝×4.5㎝ 1개

옷감을 마름질하는 법

※ 손잡이, 태브는 본이 없으니 옷감에 직접 선을 그려서 마름질한다.
※ □ 안은 시접. 정해진 것 이외에는 1㎝.
※ 겉주머니, 안주머니는 본에 시접이 포함되어 있다.

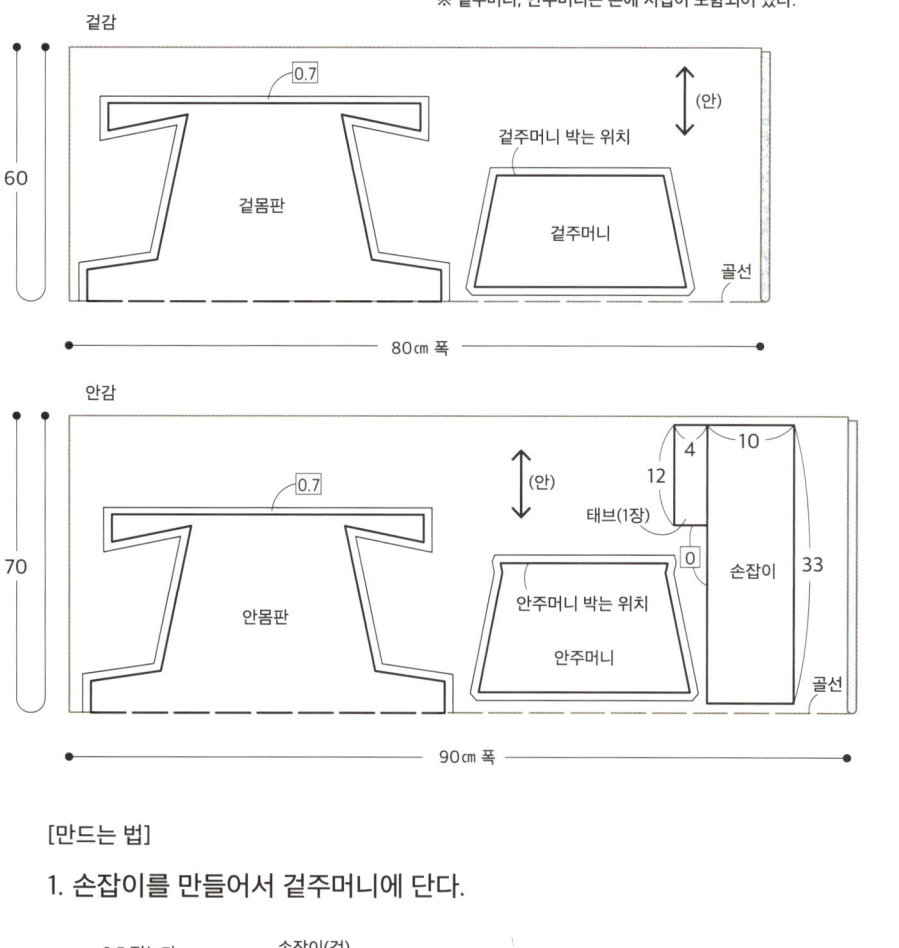

[만드는 법]

1. 손잡이를 만들어서 겉주머니에 단다.

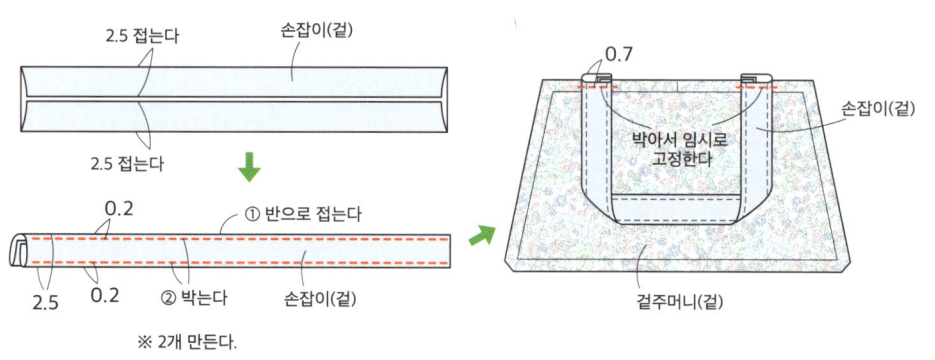

2. 주머니를 만든다.

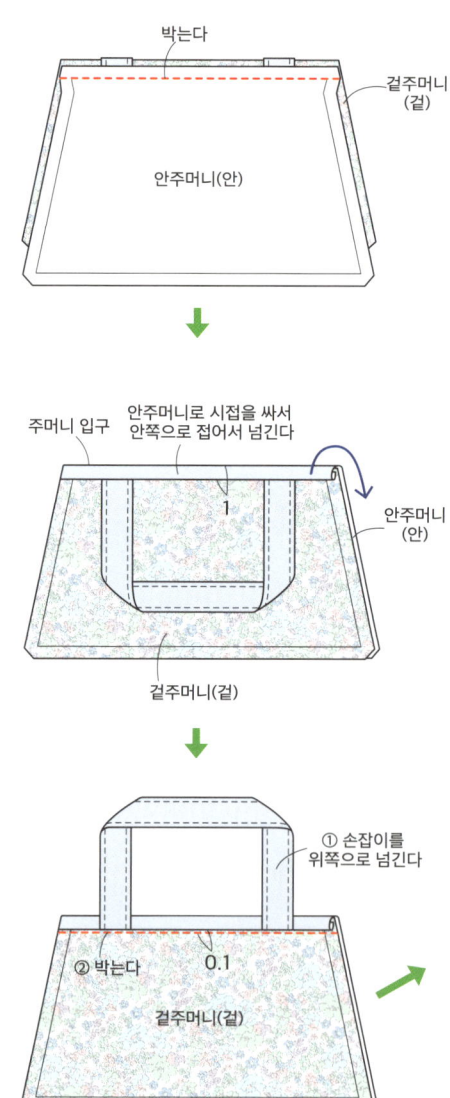

※ 같은 방법으로 1장 더 만든다

3. 겉몸판에 주머니를 단다.

※ 반대쪽도 같은 방법으로 박는다

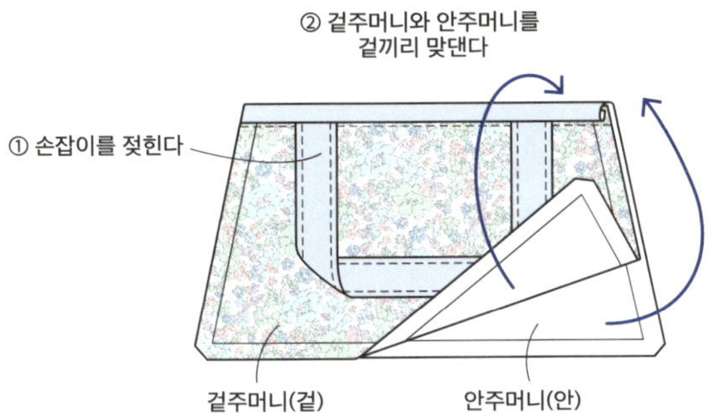

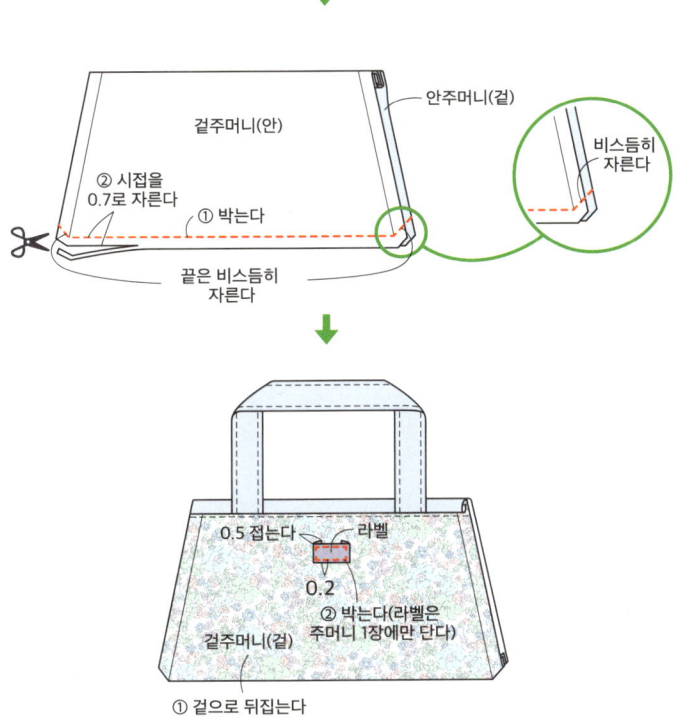

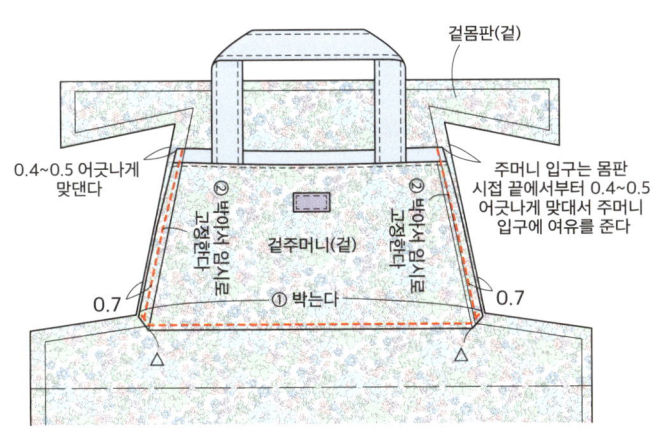

4. 지퍼를 단다.

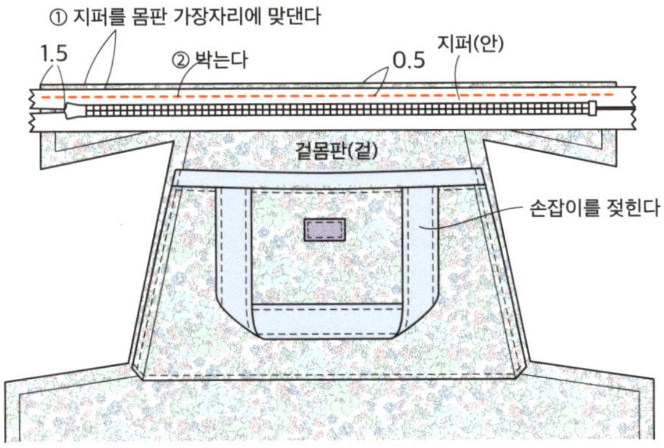

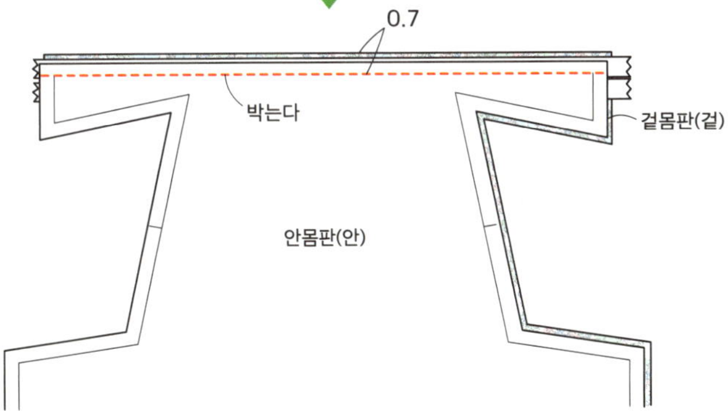

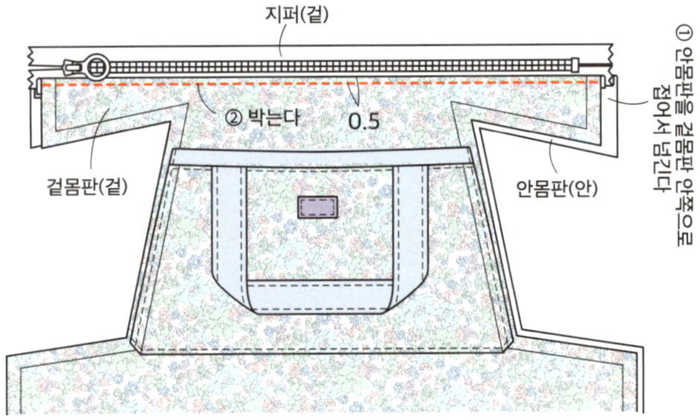

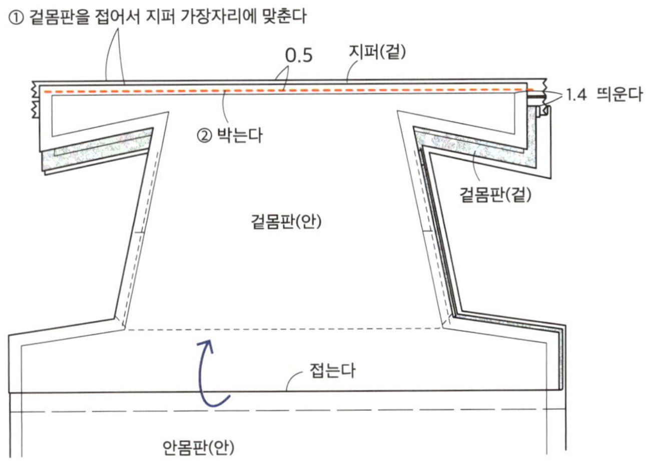

※ P.62로 이어집니다.

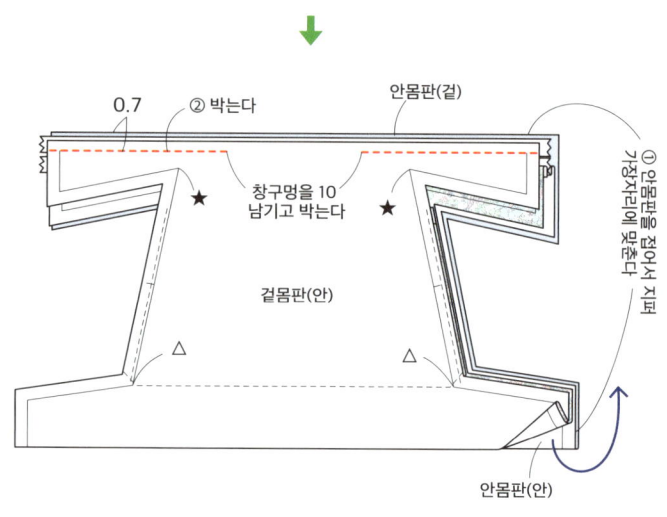

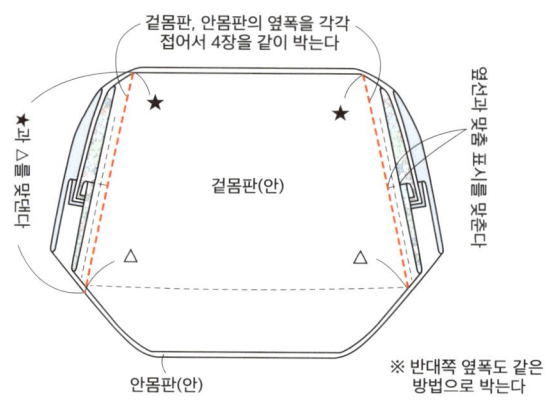

6. 옆폭을 박는다.

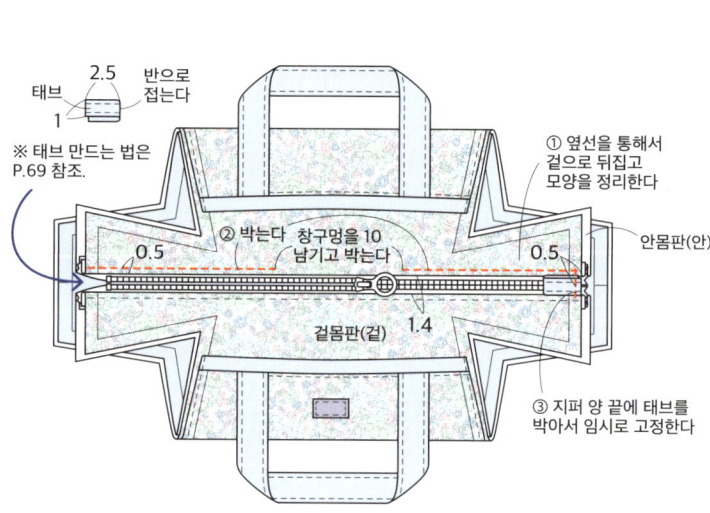

7. 겉으로 뒤집고 창구멍을 처리한다.

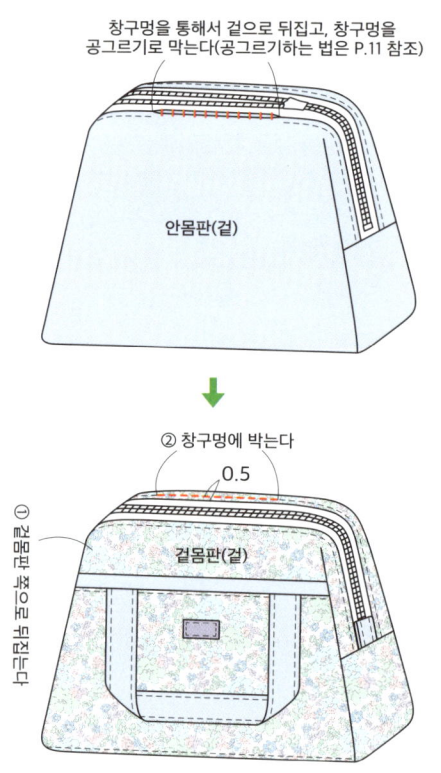

5. 몸판을 다시 접어서 지퍼 아랫부분을 박는다.

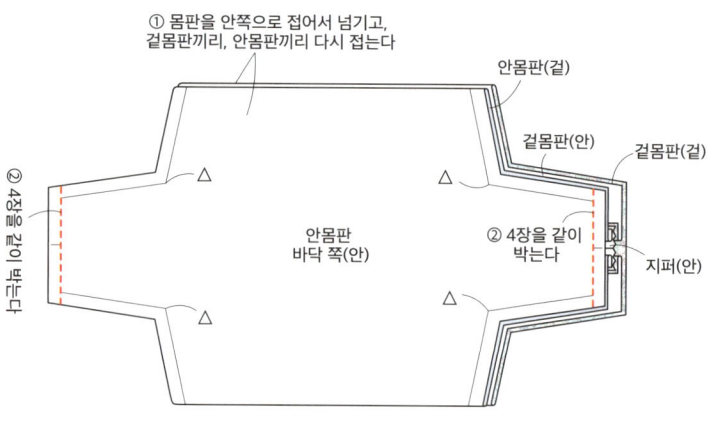

[완성]

22P 7
바깥주머니가 있는 복주머니 가방

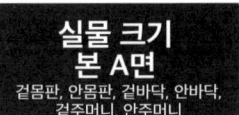

실물 크기 본 A면
겉몸판, 안몸판, 겉바닥, 안바닥, 겉주머니, 안주머니

[a 재료]
겉감 (옥스퍼드 꽃무늬) 폭 148cm×50cm
안감 (옥스퍼드 민무늬 카키색) 폭 110cm×50cm
접착심지 조금 두꺼운 타입 폭 94cm×40cm
능직테이프 폭 2cm×80cm 카키색
끈 굵기 0.5cm×170cm 무염색
플라스틱 똑딱단추 지름 1.4cm 2쌍

[b 재료]
겉감 (면 자수 거위무늬) 폭 148cm×50cm
안감 (하프 리넨 줄무늬) 폭 132cm×50cm
접착심지 조금 두꺼운 타입 폭 94cm×40cm
능직테이프 폭 2cm×80cm 무염색
끈 굵기 0.5cm×170cm 남색
플라스틱 똑딱단추 지름 1.4cm 2쌍

[준비 작업] 겉주머니, 겉바닥, 겉몸판의 플라스틱 똑딱단추 다는 위치의 안쪽면에 접착심지를 붙인다.

옷감을 마름질하는 법

※ 속주머니, 손잡이는 본이 없으니 옷감에 직접 선을 그려서 마름질한다.
※ □ 안은 시접. 정해진 것 이외에는 1cm.
※ ▭는 안쪽면에 접착심지를 붙인다.

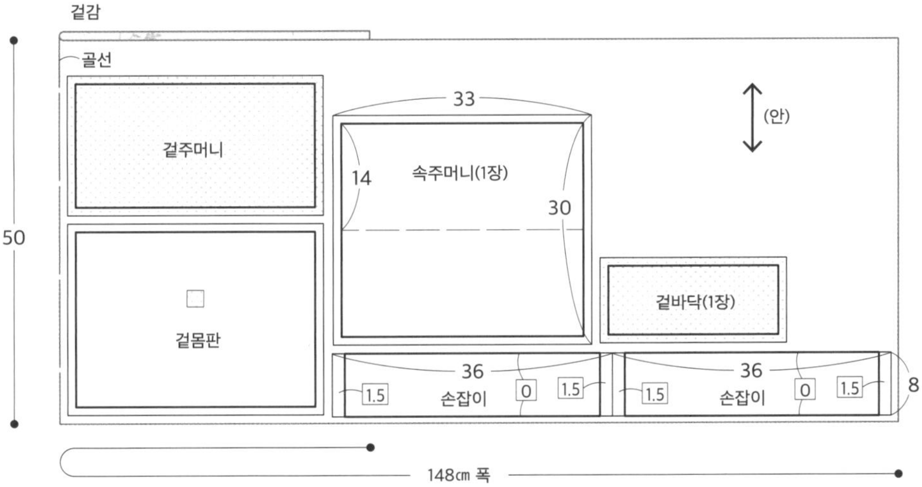

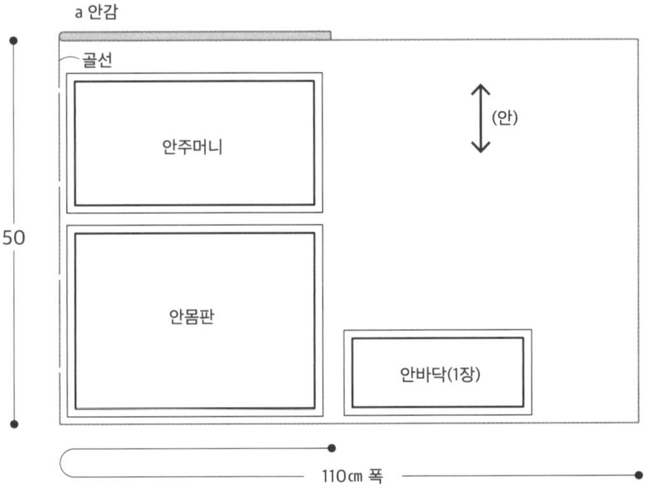

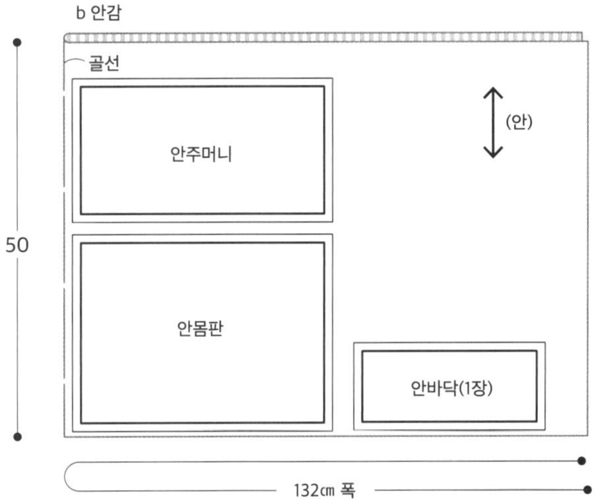

[만드는 법]

1. 손잡이를 만들어서 겉주머니에 단다.

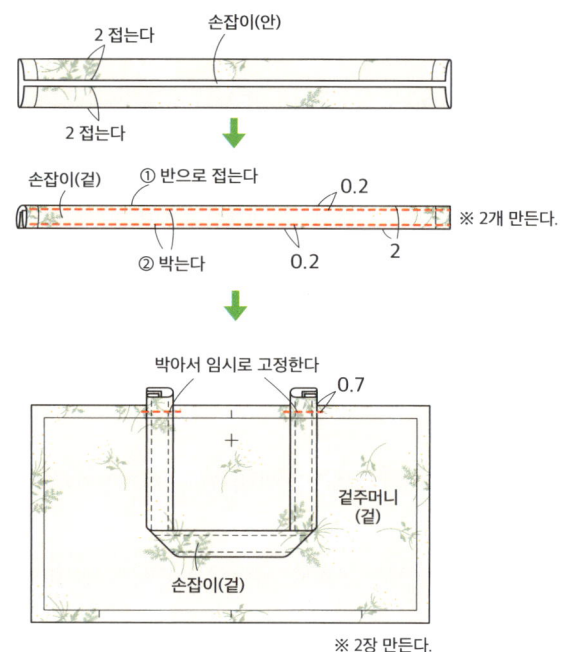

2. 겉주머니와 안주머니의 입구를 박는다.

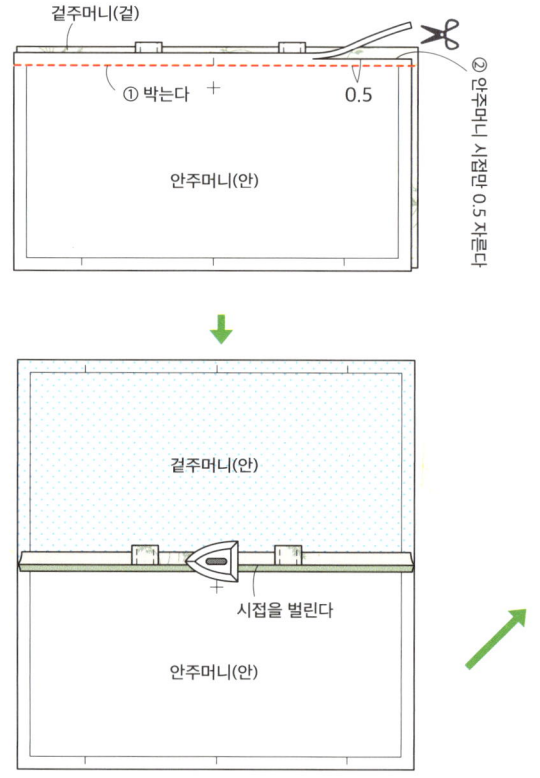

3. 겉몸판에 주머니를 단다.

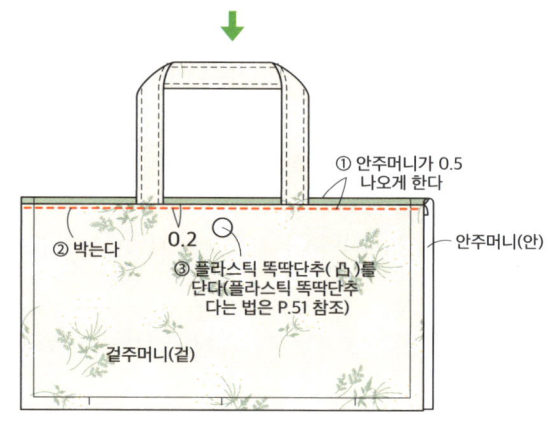

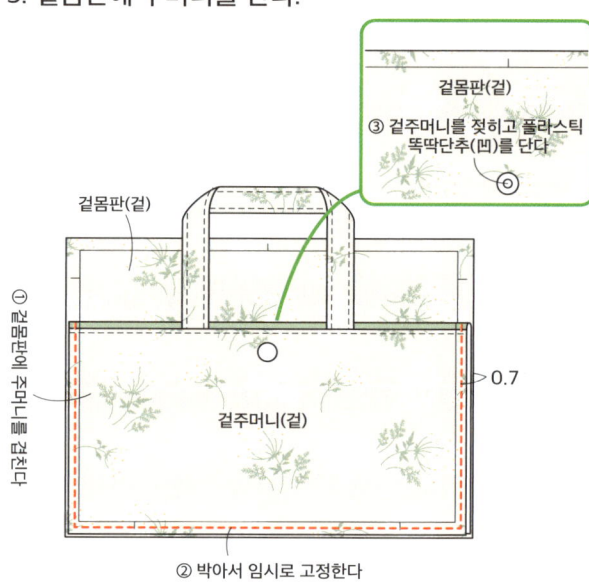

4. 속주머니를 만들어서 안몸판에 단다.

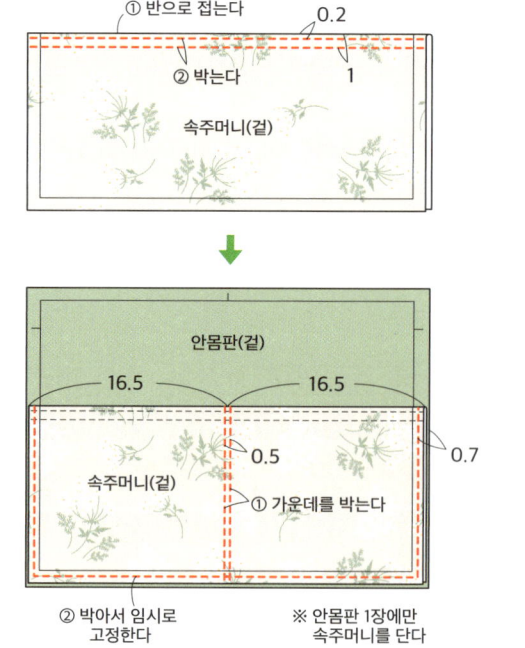

5. 겉몸판과 안몸판의 입구를 박는다.

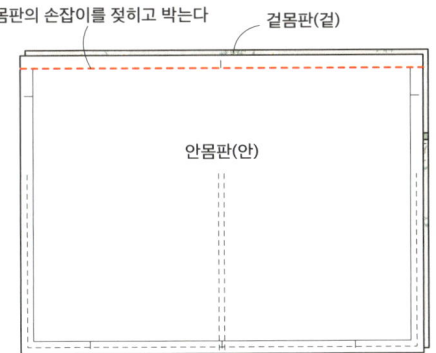

6. 겉몸판과 안몸판의 옆선을 박는다.

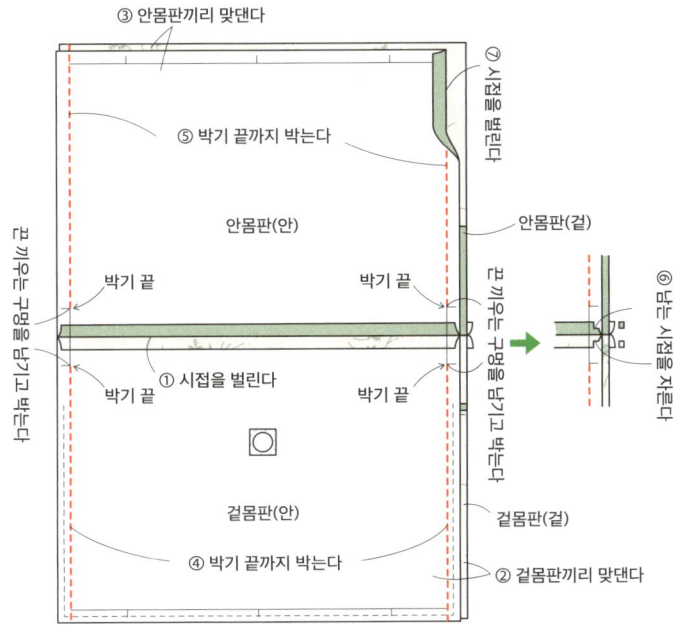

7. 겉바닥과 안바닥을 박는다.

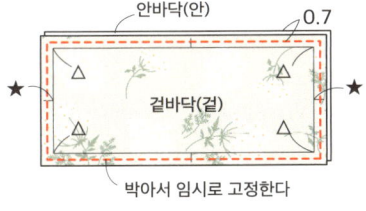

8. 몸판에 바닥을 단다.

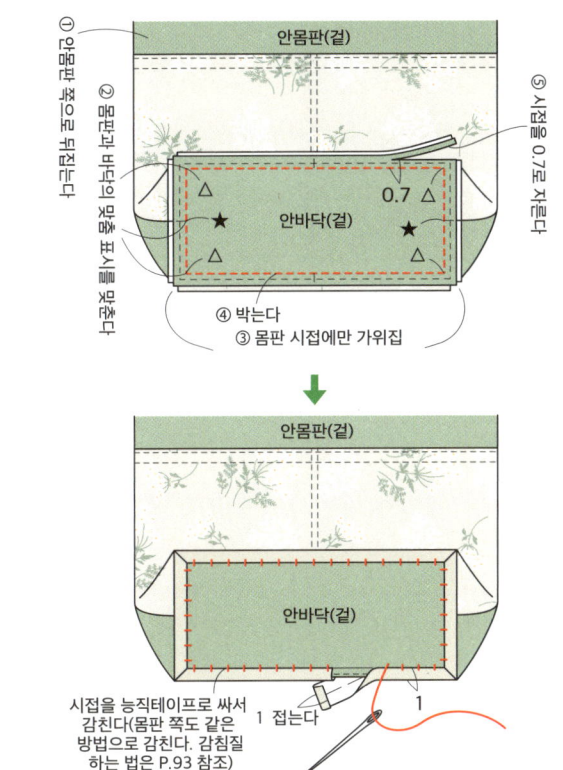

9. 몸판에 끈을 끼운다.

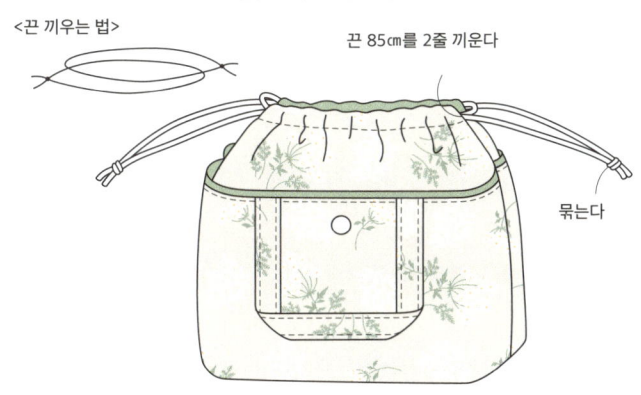

[완성]

32P 9
납작하게 만든 트릭 파우치

[재료]
옷감 A (면 잎과 과일무늬) 폭 45㎝×25㎝
옷감 B (면 줄무늬) 폭 20㎝×25㎝
옷감 C (면 물방울무늬) 폭 20㎝×25㎝
옷감 D (옥스퍼드 민무늬 파우더블루) 폭 45㎝×25㎝
플랫 니트 지퍼 12㎝ 1개
탈부착 연결고리 1.5㎝ 1개
라벨 폭 1.5㎝×4.5㎝ 1개

옷감을 마름질하는 법

※ 이 작품은 본이 없으니 옷감에 직접 선을 그려서 마름질한다.
※ □ 안은 시접. 정해진 것 이외에는 1㎝.

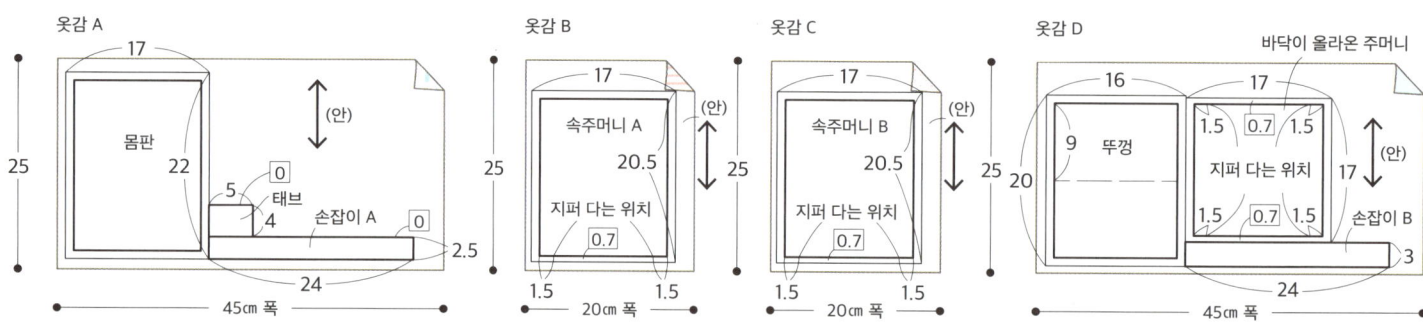

[만드는 법]

1. 뚜껑을 만든다.

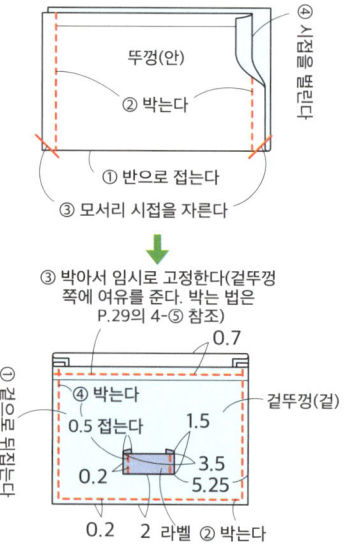

2. 태브를 만든다.

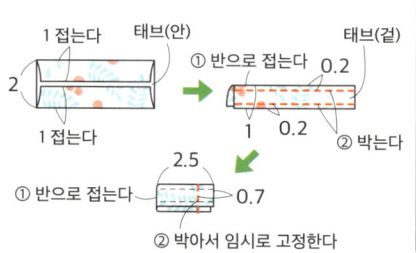

3. 몸판에 뚜껑과 태브를 단다.

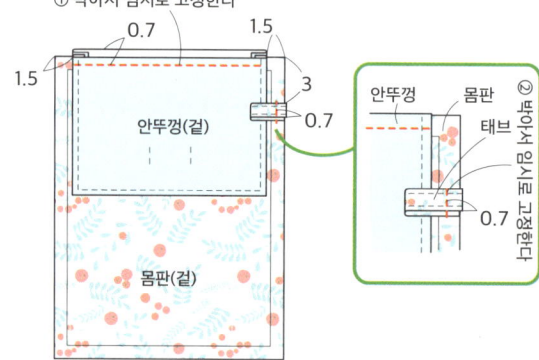

4. 지퍼를 속주머니 A.B, 바닥이 올라온 주머니에 단다.

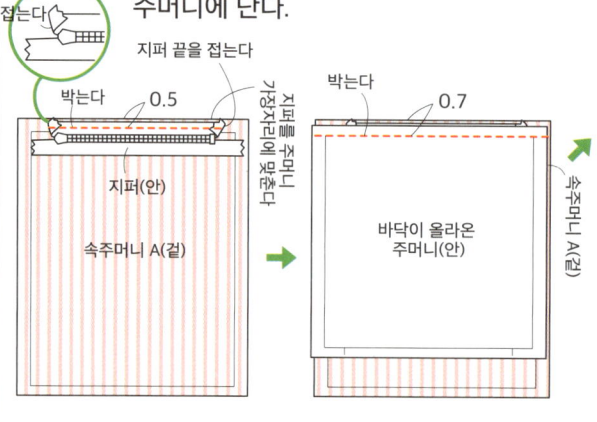

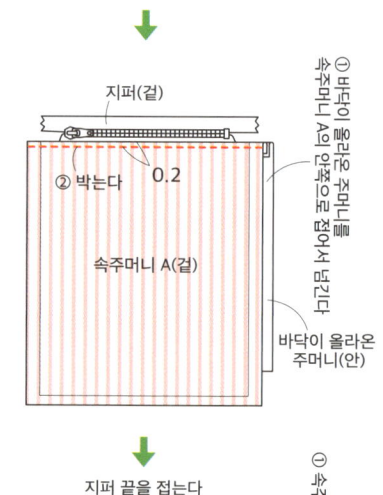

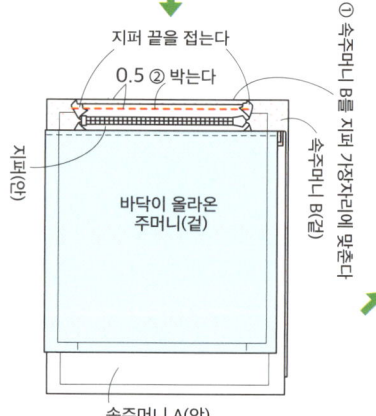

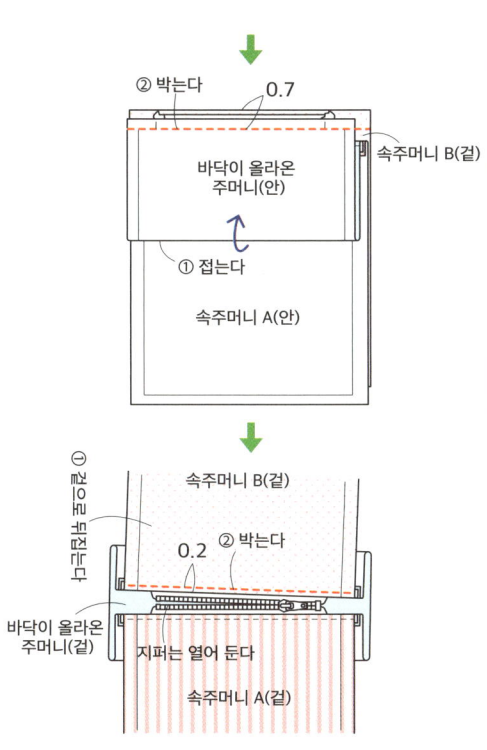
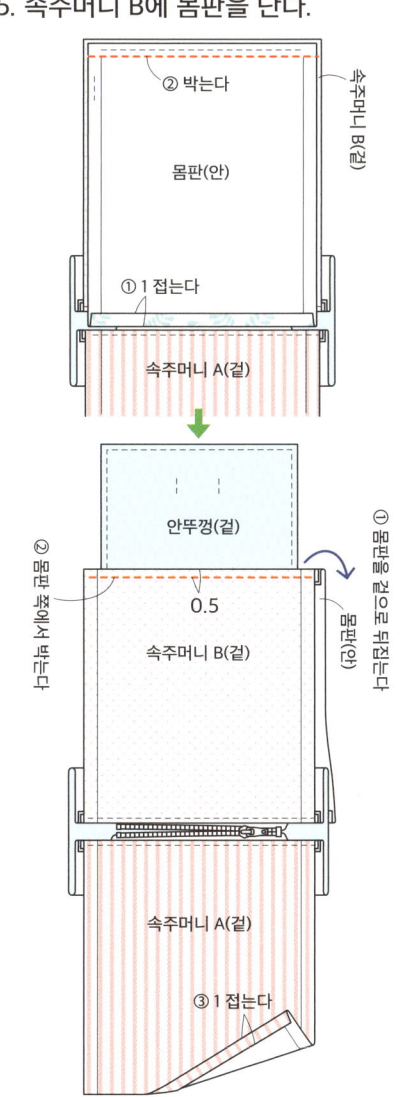

5. 속주머니 B에 몸판을 단다.

6. 옆선을 박는다.

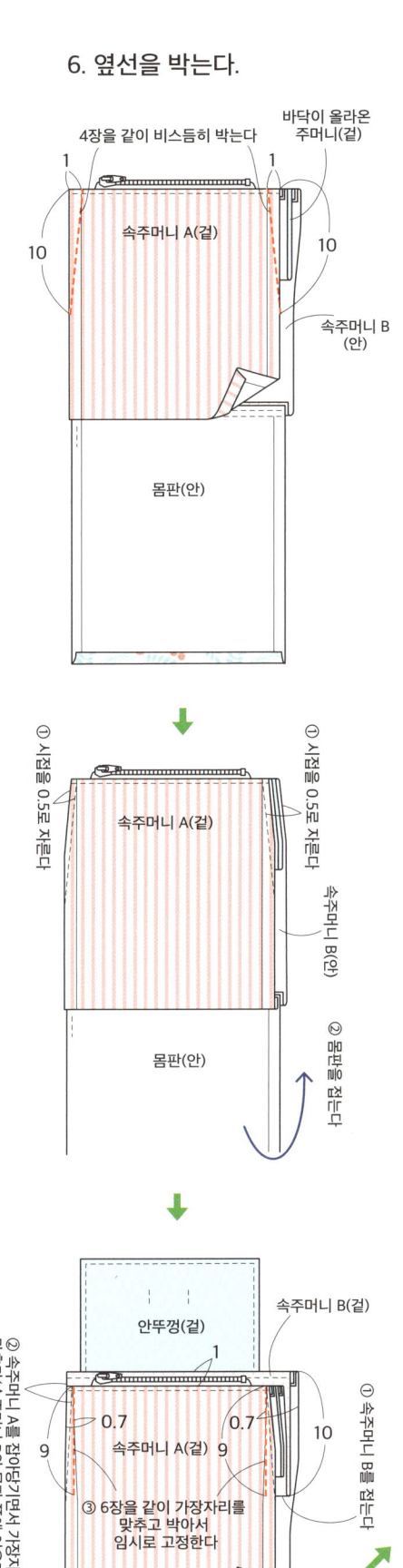
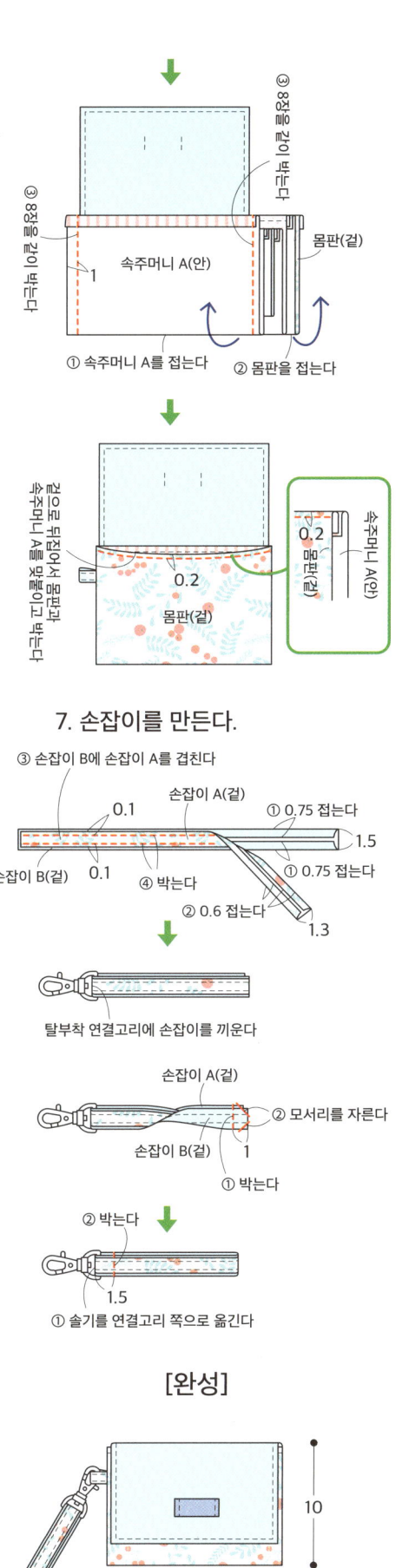

7. 손잡이를 만든다.

[완성]

34P 10
뜀틀 모양 사다리꼴 파우치

실물 크기 본 B면
겉몸판A, 겉몸판B, 안몸판

[a·b 재료] (1개분)
옷감 A : 면 (a 코코베리, b 미니 프루트 피치) 폭 50㎝×15㎝
옷감 B : 옥스퍼드 민무늬 (a 검정, b 빨강) 폭 30㎝×20㎝
옷감 C : 면 (a 줄무늬, b 줄무늬) 폭 30㎝×40㎝
접착심지 중간 두께 타입 폭 80㎝×20㎝
지퍼 20㎝ 1개
라벨 폭 1.5㎝×4.5㎝ 1개
[준비 작업] 겉몸판 A, 겉몸판 B의 안쪽면에 접착심지를 붙인다.

옷감을 마름질하는 법

※ 태브는 본이 없으니 옷감에 직접 선을 그려서 마름질한다.
※ □ 안은 시접. 정해진 것 이외에는 1㎝.
※ 점선은 안쪽면에 접착심지를 붙인다.

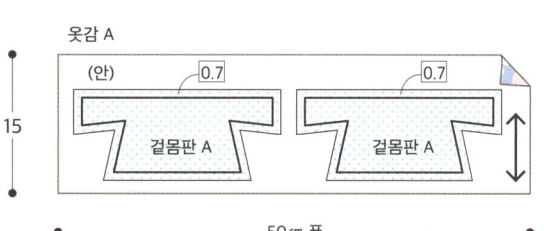
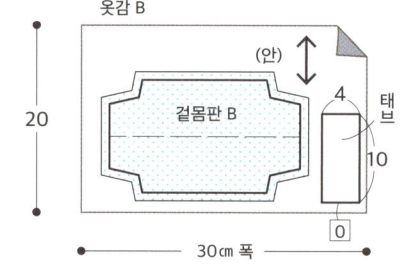
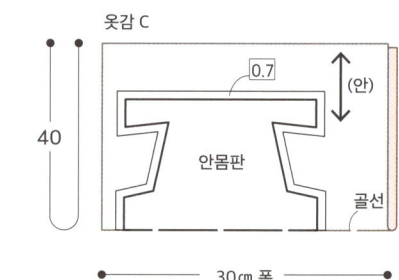

[만드는 법]

1. 겉몸판의 절개선을 박는다.

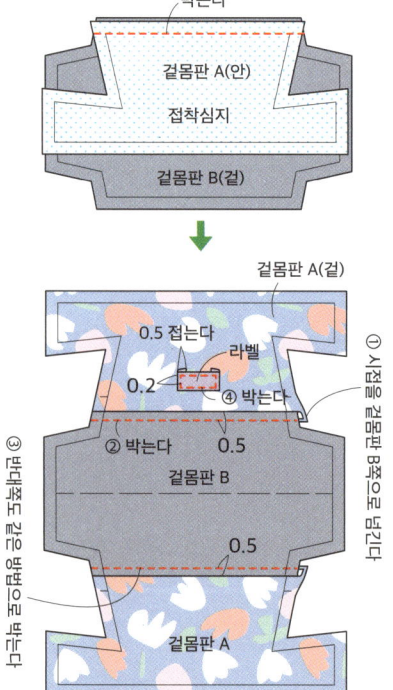

실물 크기 본 옮겨 그리는 법

실물 크기 본은 겉몸판 A·B가 이어진 상태로 들어 있으므로 절개선에서 따로따로 나눠서 옮겨 그린다.

2. 지퍼를 단다.

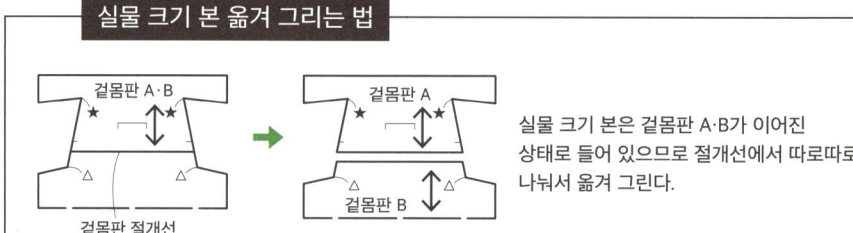
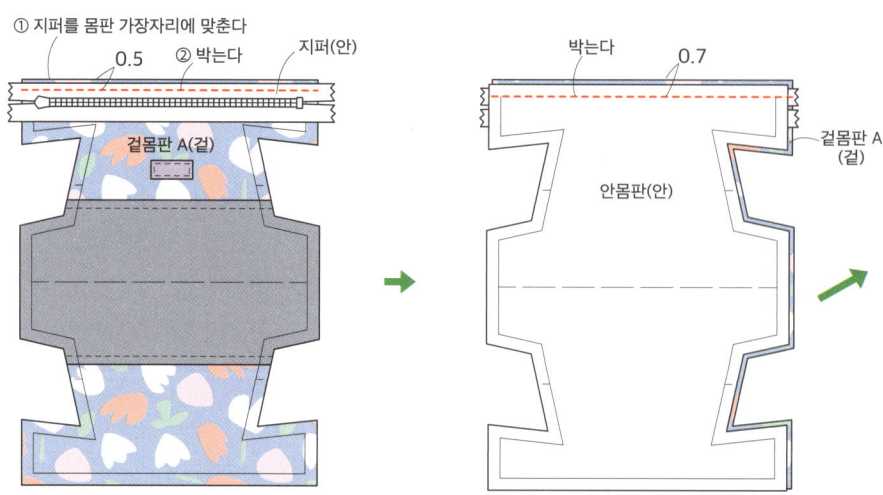

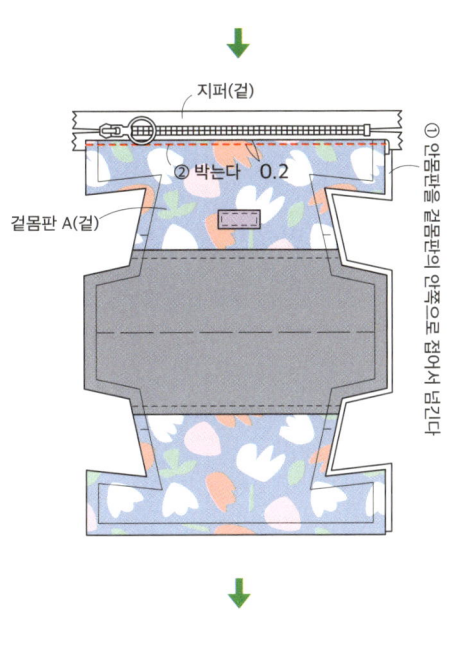

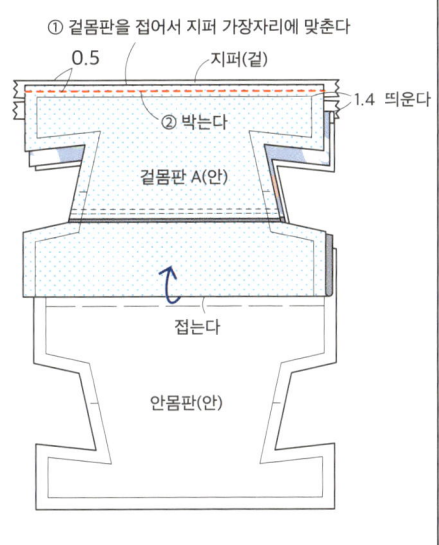

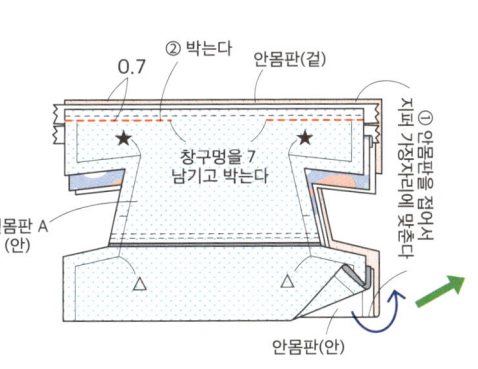

3. 태브를 만든다.

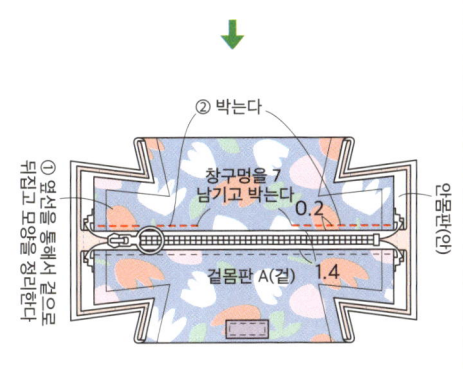

4. 몸판을 다시 접어서 지퍼 아랫부분을 박는다.

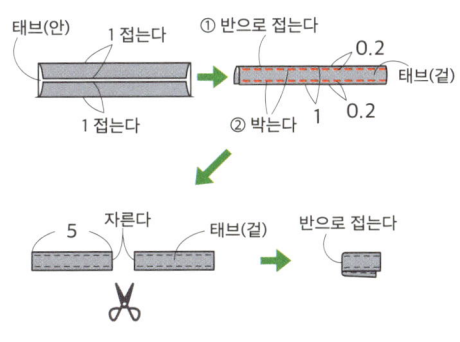

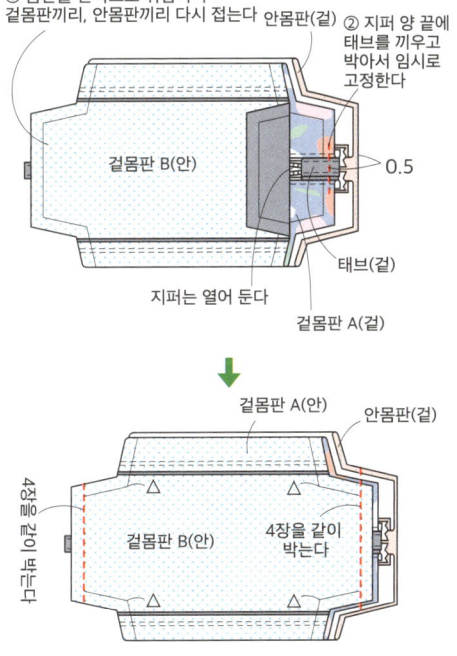

5. 옆폭을 박는다.

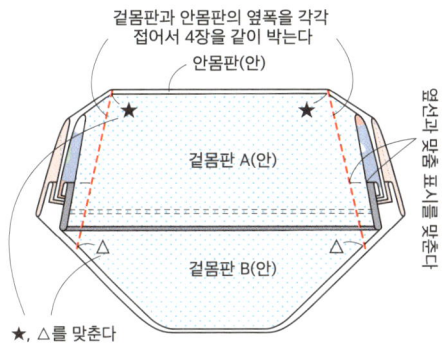

※ 반대쪽 옆폭도 같은 방법으로 박는다

6. 겉으로 뒤집고 창구멍을 처리한다.

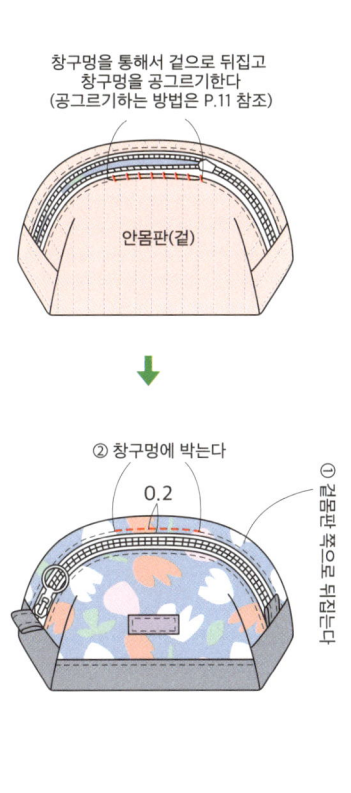

[완성]

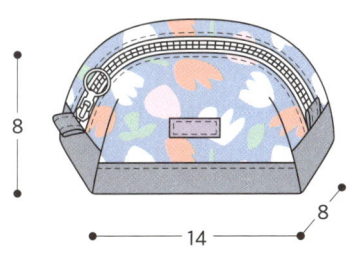

35P 11
조개 모양 둥근 파우치

실물 크기 본 A면
겉몸판, 안몸판, 겉옆감, 안옆감

[a~c 재료] (1개분)
옷감 A 면(a 홀리데이무늬, b 홍학무늬, c 집무늬) 폭 54㎝×20㎝
옷감 B 면(a 기구 무늬, b 분홍 민무늬, c 줄무늬) 폭 54㎝×20㎝
옷감 C 면(a 체크무늬, b 꽃무늬, c 별무늬) 폭 54㎝×44㎝
접착심지 중간 두께 타입 폭 30㎝×40㎝
접착퀼트심지 폭 70㎝×20㎝
플랫 니트 지퍼 40㎝ 1개
[준비 작업] 겉몸판, 겉옆감의 뒷면에 접착퀼트심지를, 안몸판, 안옆감의 안쪽면에 접착심지를 붙인다.

옷감을 마름질하는 법

※ 속주머니, 태브는 본이 없으니 옷감에 직접 선을 그려서 마름질한다.
※ □ 안은 시접. 정해진 것 이외에는 1㎝.
※ ▨는 안쪽면에 접착심지를, ▦는 안쪽면에 접착퀼트심지를 붙인다.

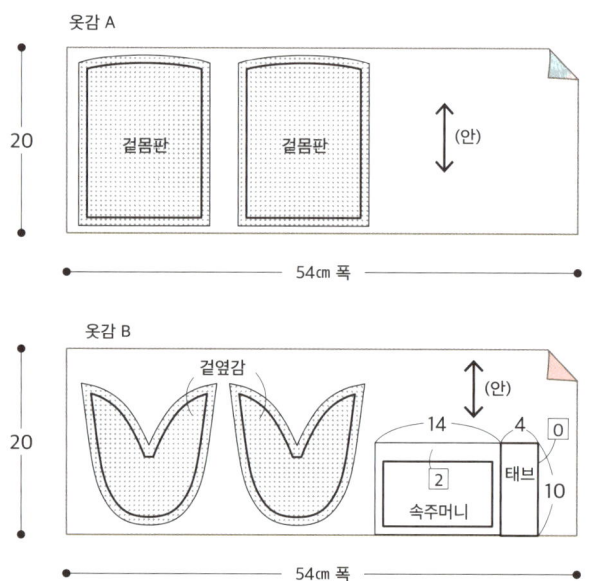

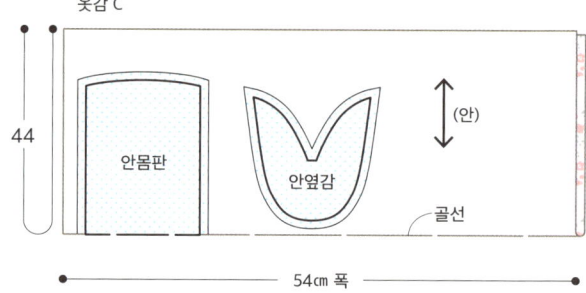

[만드는 법]

1. 겉몸판의 바닥을 박는다.

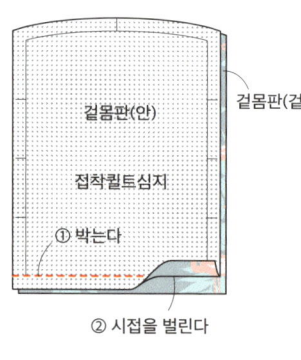
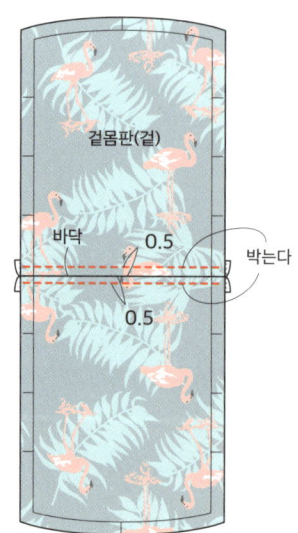

2. 겉몸판과 겉옆감을 박는다.

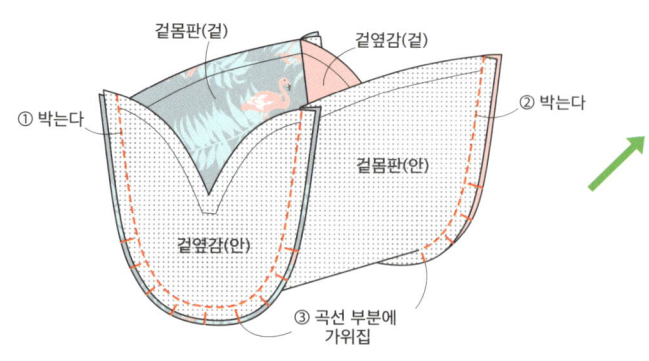

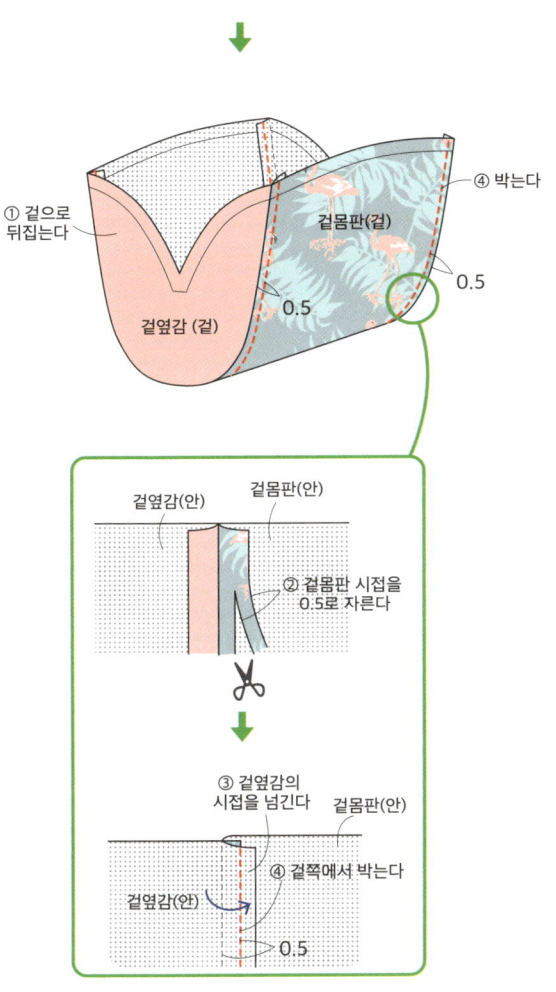

3. 속주머니를 만들어서 안몸판에 단다.

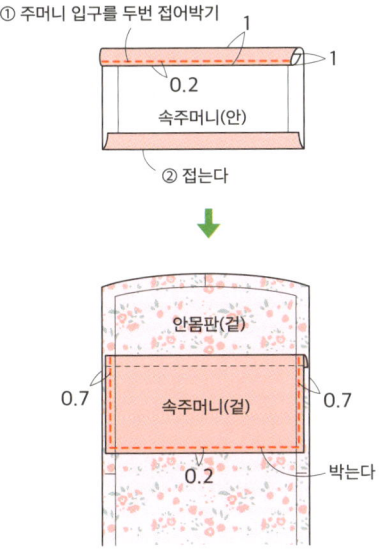

4. 안몸판과 안옆감을 박는다.

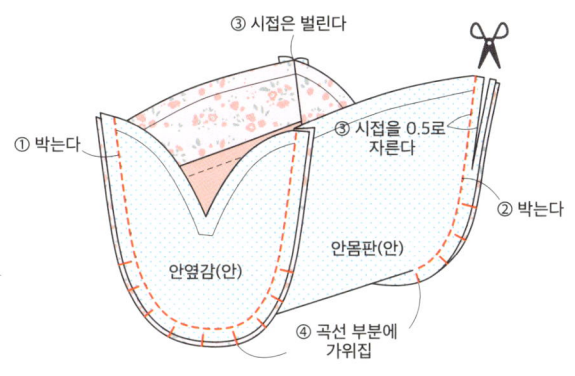

5. 태브를 만든다.

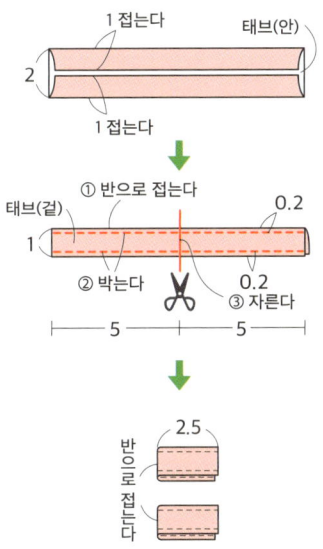

6. 태브를 단다.

7. 겉몸판에 지퍼를 단다.

8. 겉몸판과 안몸판을 박는다.

※ 6~8은 P.72, 73의 사진 해설 참조.

[완성]

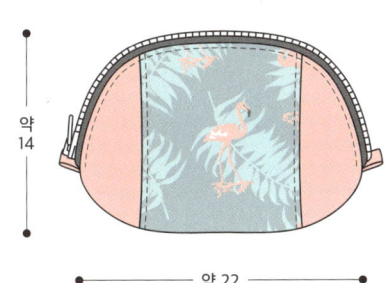

POINT LESSON | 35P 11

조개 모양 둥근 파우치 - 지퍼 다는 법

※ 71P. 6, 7, 8번에 대한 설명입니다.
※ 알아보기 쉽도록 옷감과 실 색깔을 바꿨습니다.

6 태브를 단다

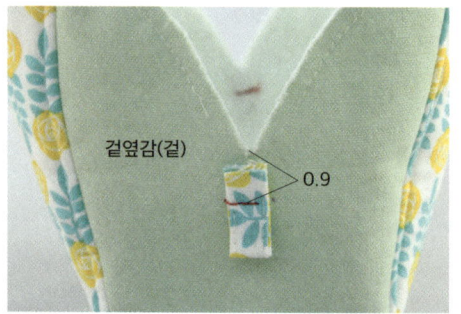

① 태브를 겉옆감의 태브 다는 위치에 박아서 임시로 고정합니다.

② 태브를 젖히고 겉옆감 시접의 두 군데에 가위집을 넣습니다.

7 겉몸판에 지퍼를 단다

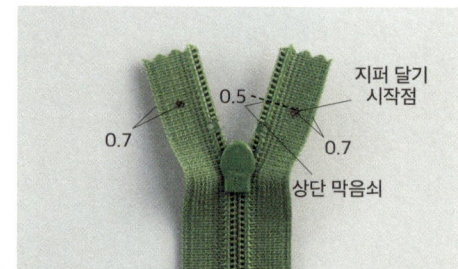

① 지퍼 위쪽의 안쪽 면에 초크 펜으로 지퍼 달기 시작점을 표시합니다.

② 겉옆감의 겉쪽에 지퍼 달기 시작점을 표시합니다.

③ 겉옆감의 가장자리에서 0.3㎝ 지점에 지퍼를 안쪽 면이 위로 오게 겹치고, 지퍼 달기 시작점을 맞춰서 시침핀으로 고정합니다.

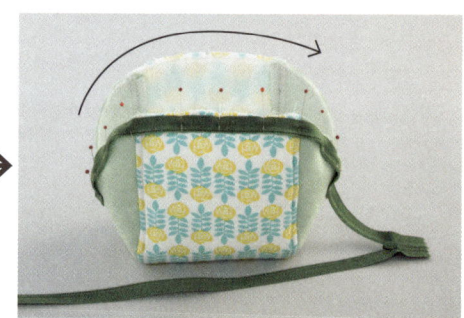

④ 반대쪽의 지퍼 다는 위치까지 시침핀으로 고정합니다.

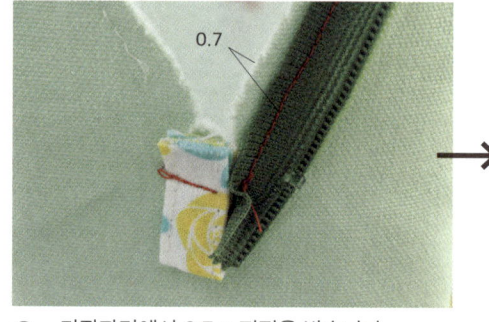

⑤ 가장자리에서 0.7㎝ 지점을 박습니다.

⑥ 겉몸판을 안쪽으로 뒤집고, 다른 한쪽 지퍼를 ①~④와 같은 방법으로 하여 시침핀으로 고정합니다.

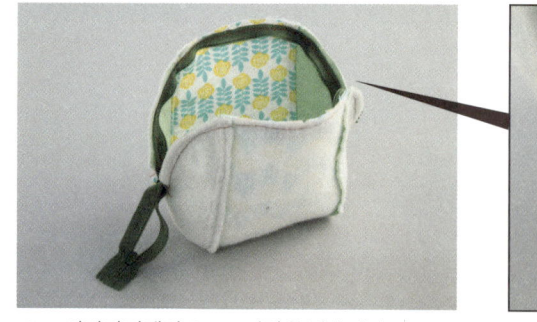

⑦ 가장자리에서 0.7㎝ 지점을 박습니다.

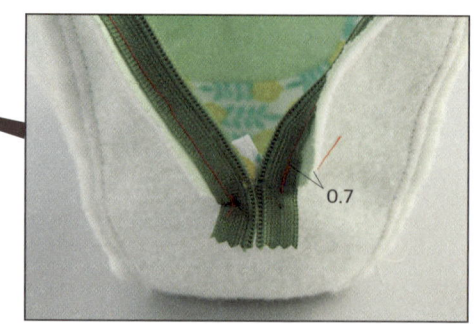

8 겉몸판과 안몸판을 박는다

① 안옆감 시접의 두 군데에 가위집을 넣습니다.

⑧ 겉옆감 시접과 지퍼 위쪽을 박아서 고정합니다.

⑨ 지퍼 아래쪽도 같은 방법으로 겉옆감 시접에 박아서 고정하고, 남는 지퍼를 자릅니다.

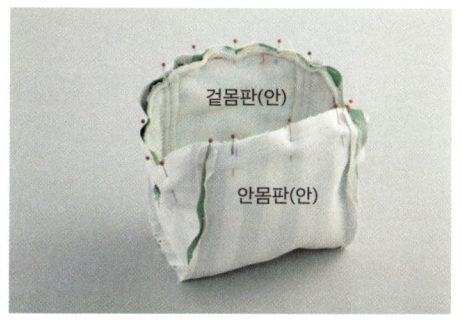

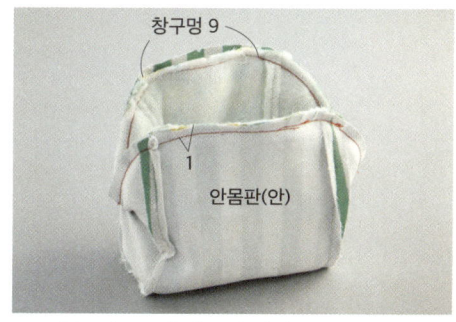

② 겉몸판을 겉으로 뒤집어서 안몸판 속에 넣습니다. 입구를 맞춰서 시침핀으로 고정합니다.

③ ①에서 가위집을 넣은 세모난 시접을 접습니다.

④ 창구멍 9㎝와 세모난 시접 부분을 남기고 가장자리에서 1㎝ 지점을 박습니다.

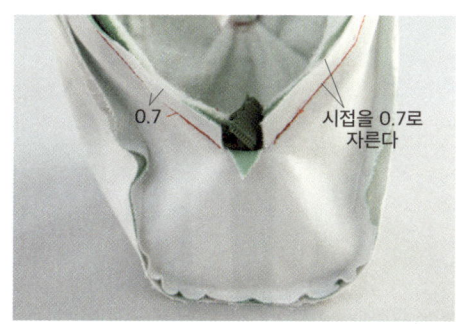
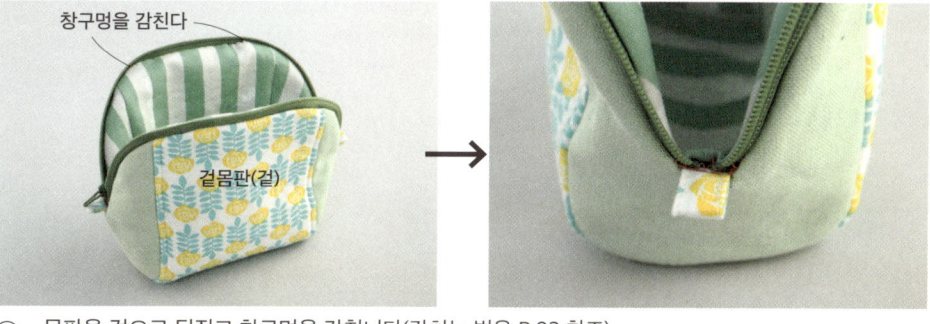

⑤ 창구멍 이외의 시접을 0.7㎝로 자릅니다.

⑥ 몸판을 겉으로 뒤집고 창구멍을 감칩니다(감치는 법은 P.93 참조).

주부 재봉씨의 조언!

작품은 겉몸판에 접착퀼트심지를 붙였기 때문에 옷감이 두꺼워졌습니다. 안몸판을 재봉틀로 박기가 힘들 때는 겉몸판 시접 부분의 퀼트심지를 잘라내고 박거나 안몸판을 손으로 감칩니다.

⑦ 지퍼 가장자리에서 0.5㎝ 지점에 스티치를 해 줍니다.

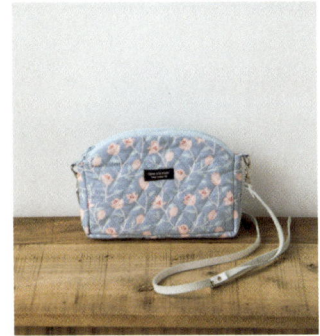

36P 12
돔 모양 크로스백

실물 크기 본 B면
겉몸판 A·B·C·D, 안몸판 A·B·C·D,
겉옆폭 A, 안옆폭 A, 겉옆폭 B, 안옆폭 B

[재료]
겉감 (퀼팅 꽃무늬) 폭 65㎝×50㎝
안감 (면 점선무늬) 폭 60㎝×50㎝
접착심지 중간 두께 타입 폭 20㎝×50㎝
플랫 니트 지퍼 30㎝ 2개
플라스틱 똑딱단추 지름 1.3㎝ 1쌍
D자 고리 1.5㎝ 2개
숄더백 끈 폭 1㎝×100~120㎝ 1개
라벨 폭 1.5㎝×4㎝ 1개

[준비 작업] 안옆폭 A, 안옆폭 B, 겉몸판 B·D의 플라스틱 똑딱단추 다는 위치의 안쪽면에 접착심지를 붙인다.

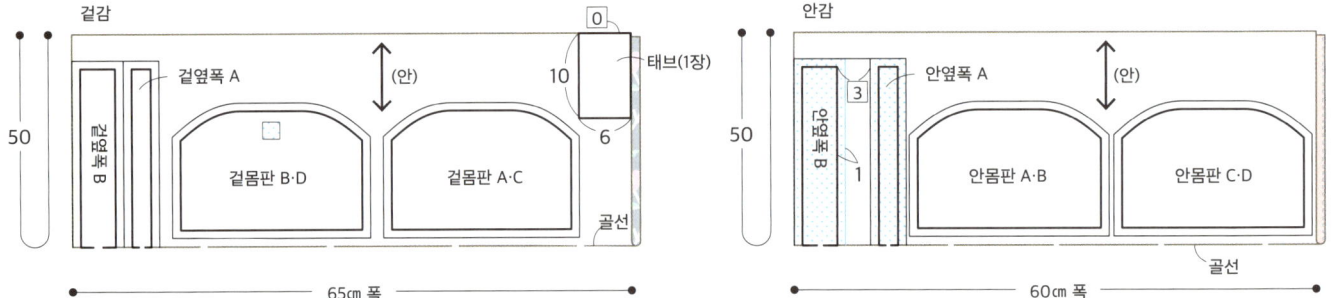

[만드는 법]

1. 몸판 A와 몸판 B에 지퍼를 달아서 파우치 ①을 만든다.

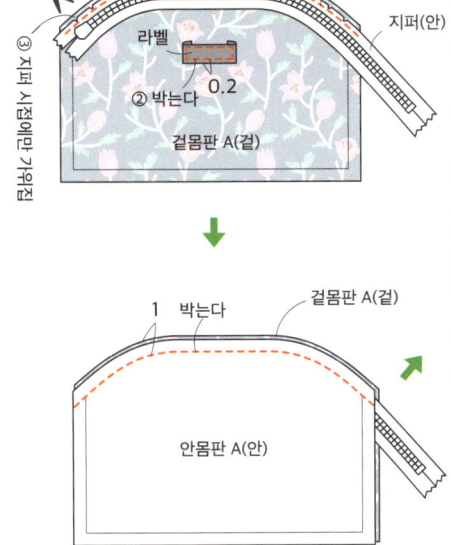

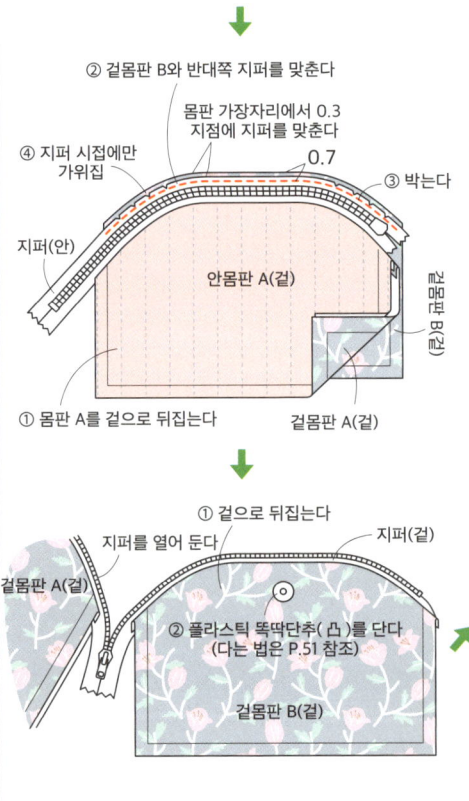

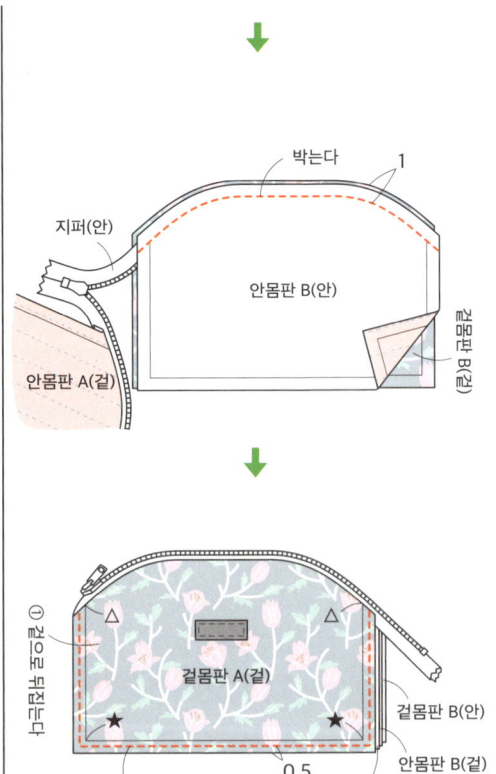

2. 옆폭 A를 만든다.

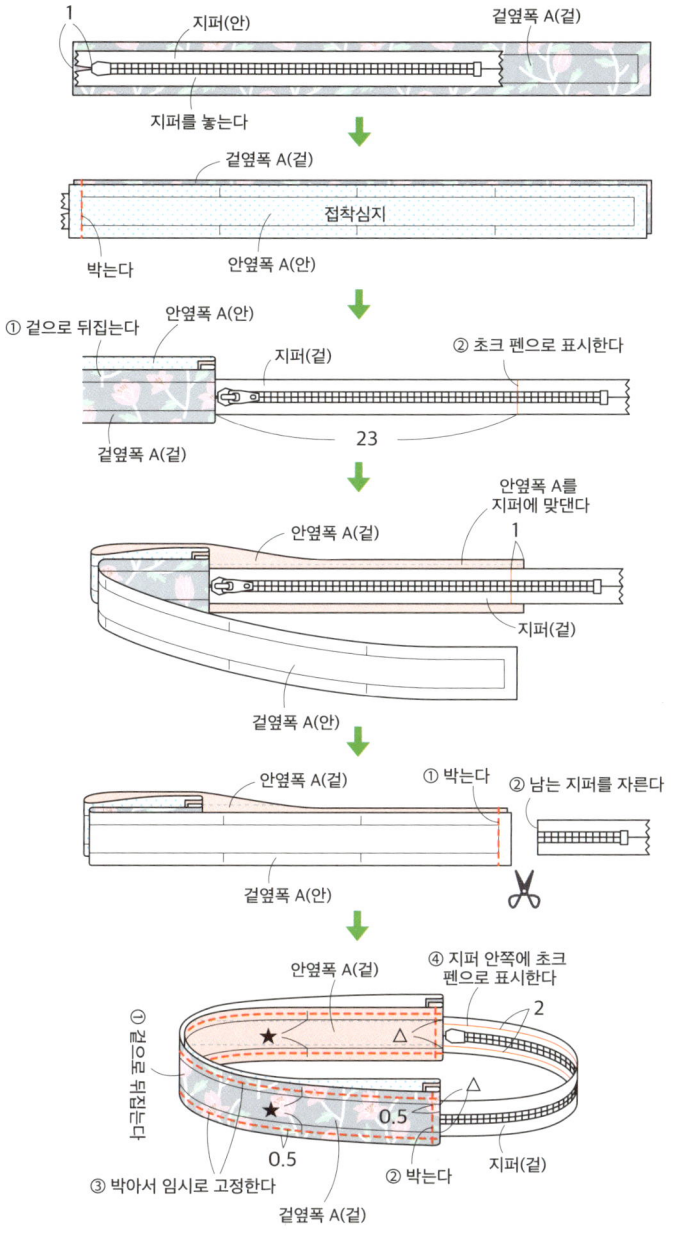

3. 몸판 C에 옆폭 A와 지퍼를 단다.

※ P.76의 사진 해설을 참조.

4. 태브를 만들어서 옆폭 B에 단다.

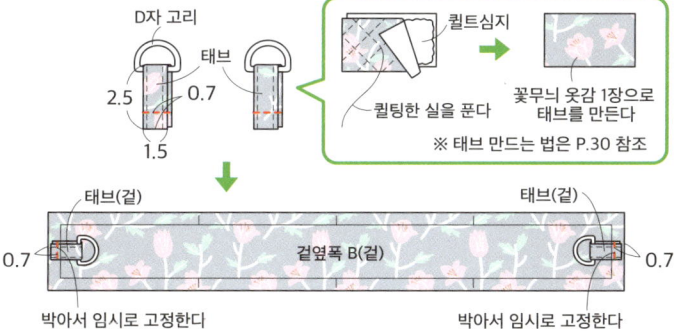

5. 옆폭 B를 만든다.

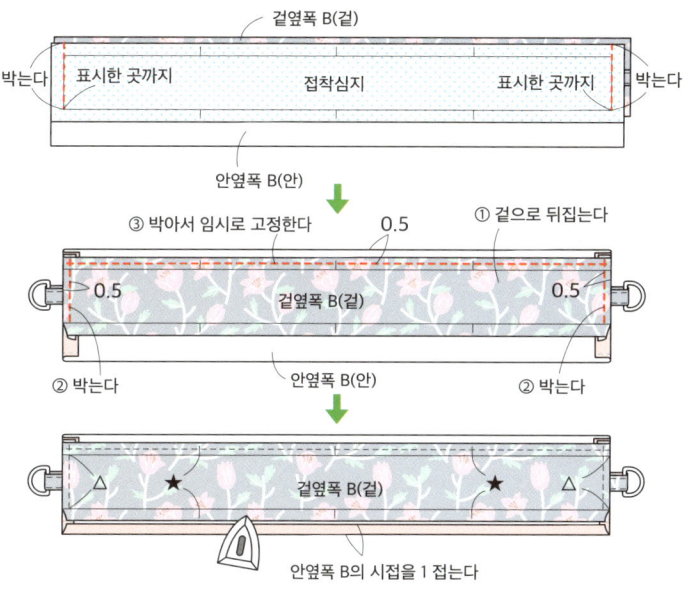

6. 옆폭 A와 옆폭 B를 박는다.

7. 몸판 D에 옆폭과 지퍼를 단다.

8. 겉옆폭 B와 파우치 ①을 박는다.

※ 6~8은 P.76, 77의 사진 해설을 참조.

[완성]

POINT LESSON | 36P 12

돔 모양 크로스백 - 옆폭 다는 법

※ 75P. 3, 6, 7, 8번에 대한 설명입니다.
※ 알아보기 쉽도록 옷감과 실 색깔을 바꿨습니다.

3 몸판 C에 옆폭A와 지퍼를 단다

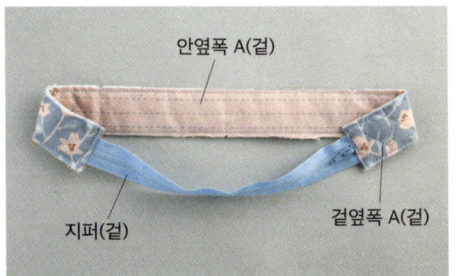

옆폭 A(만드는 법은 P.75 참조)

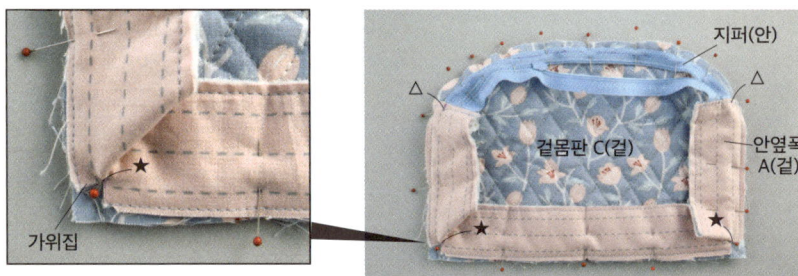

① 겉몸판 C와 겉옆폭 A를 겉끼리 맞댑니다. 옆폭 모서리의 맞춤 표시(★)에 가위집을 넣고 시침핀으로 고정합니다. 지퍼 부분은 겉몸판 C의 완성선과 지퍼의 표시(P.75 참조)를 맞춰서 시침핀으로 고정합니다.

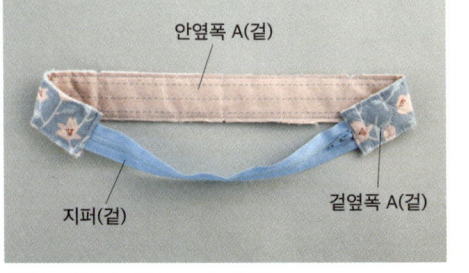

② 옆폭에서부터 지퍼까지 이어서 한 바퀴 돌아가며 박습니다. 지퍼 시접에 0.2㎝ 정도로 가위집을 넣습니다(우는 것을 막기 위해).

③ 박을 때 옆폭 모서리가 끼어 들어가지 않도록 마스킹테이프를 붙입니다.

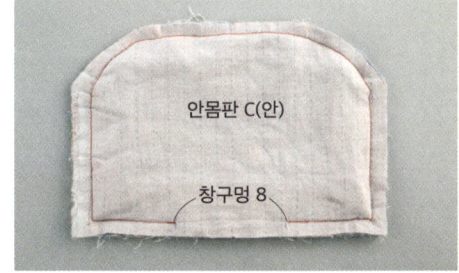

④ ③에 안몸판 C를 겹쳐서 창구멍을 8㎝ 남기고 주위를 박습니다. 다 박았으면 마스킹테이프를 뗍니다.

⑤ 시접을 0.7㎝로 가지런히 자르고 모서리 시접을 자릅니다.

⑥ 창구멍을 통해서 겉으로 뒤집습니다.

6 옆폭 A와 옆폭 B를 박는다

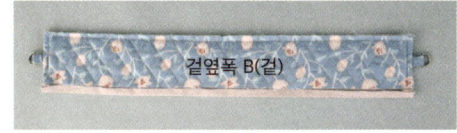
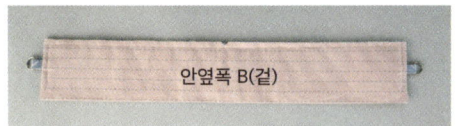

옆폭 B 만드는 법은 P.75 참조.

7 몸판 D에 옆폭과 지퍼를 단다

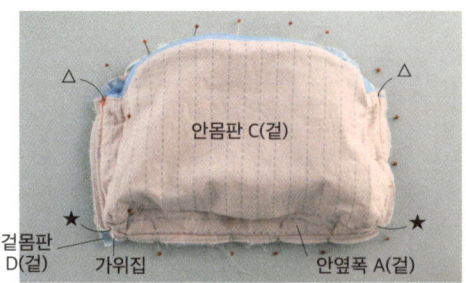

① 겉몸판 D와 안옆폭 B를 겉끼리 맞댑니다. 옆폭 모서리의 맞춤 표시(★)에 가위집을 넣고 안옆폭 A 쪽에서 시침핀으로 고정합니다. 지퍼 부분은 겉몸판 D의 완성선과 지퍼의 표시(P.75 참조)를 맞춰서 시침핀으로 고정합니다.

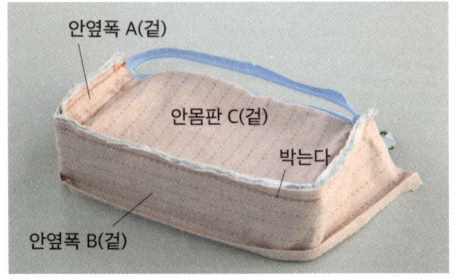

① 겉옆폭 A와 겉옆폭 B를 겉끼리 맞대고 박습니다.

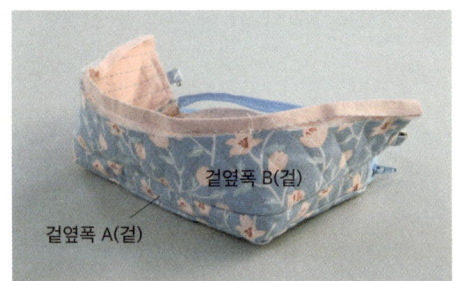

② 겉옆폭 쪽으로 뒤집은 모습.

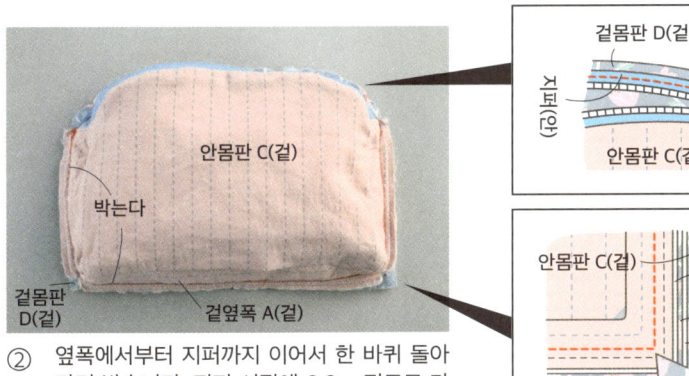
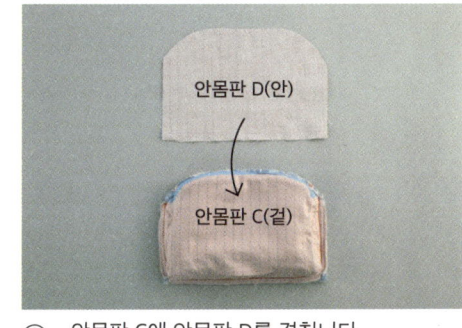

② 옆폭에서부터 지퍼까지 이어서 한 바퀴 돌아가며 박습니다. 지퍼 시접에 0.2㎝ 정도로 가위집을 넣습니다(우는 것을 막기 위해).

③ 안몸판 C에 안몸판 D를 겹칩니다.

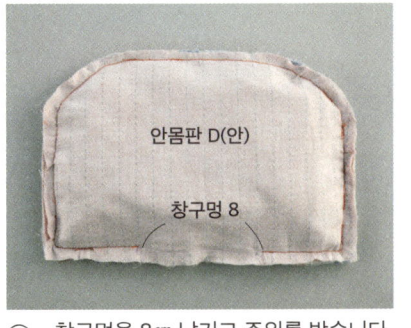
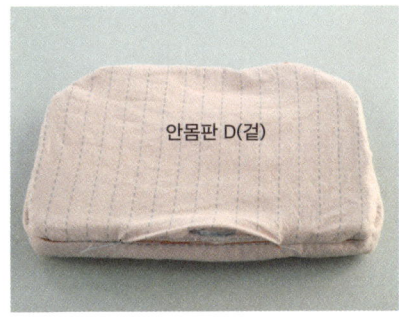
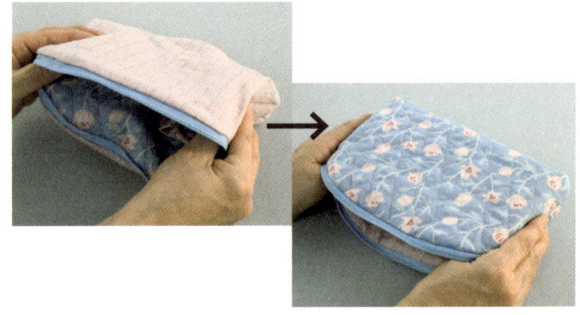

④ 창구멍을 8㎝ 남기고 주위를 박습니다.

⑤ 시접을 0.7㎝로 가지런히 자르고 모서리 시접을 자릅니다. 창구멍을 통해서 겉으로 뒤집습니다.

⑥ 다시 입구를 통해서 겉으로 뒤집습니다.

8 겉옆폭 B와 파우치 ①을 박는다

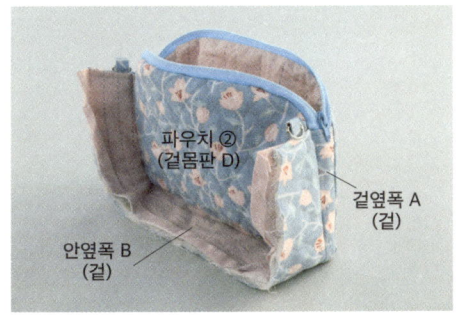
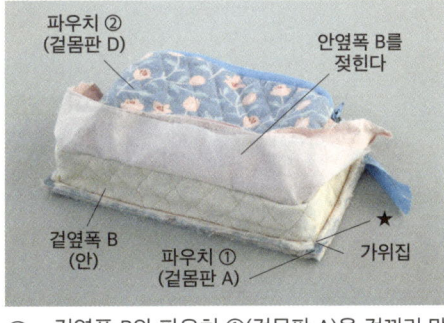

⑦ 겉으로 뒤집은 모습. 파우치 ②가 완성됐습니다.

① 겉옆폭 B와 파우치 ①(겉몸판 A)을 겉끼리 맞댑니다. 옆폭 모서리의 맞춤 표시(★)에 가위집을 넣고 안옆폭 B를 젖히고 박습니다.

② 지퍼의 남은 부분을 자릅니다.

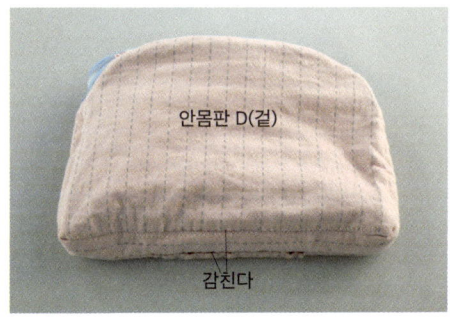

③ 시접을 안옆폭 B로 싸서 감칩니다 (감치는 법은 P.93 참조).

④ 안몸판 D의 창구멍으로 손을 넣어서 겉몸판 D에 플라스틱 똑딱단추(凹)를 달아 줍니다(플라스틱 똑딱단추 다는 법은 P.51 참조).

⑤ 파우치 ②를 안몸판 쪽으로 뒤집고, 안몸판 C와 안몸판 D의 창구멍을 감칩니다.

38P 13
주머니가 많아서 편리한 토트백

실물 크기 본 B면
겉몸판, 안몸판, 겉옆폭, 안옆폭, 바닥감, 안단, 겉주머니, 안주머니, 겉옆주머니, 안옆주머니, 손잡이

[a 재료]
겉감 (옥스퍼드 민무늬 진녹색) 폭 148㎝×60㎝
안감 (면 고양이무늬) 폭 110㎝×60㎝
접착심지 조금 두꺼운 타입 폭 94㎝×60㎝

[b 재료]
겉감 (옥스퍼드 민무늬 핑크) 폭 148㎝×60㎝
안감 (면 꽃무늬) 폭 110㎝×60㎝
접착심지 조금 두꺼운 타입 폭 94㎝×60㎝

[준비 작업] 겉몸판, 겉옆폭, 손잡이의 안쪽면에 접착심지를 붙인다.

옷감을 마름질하는 법

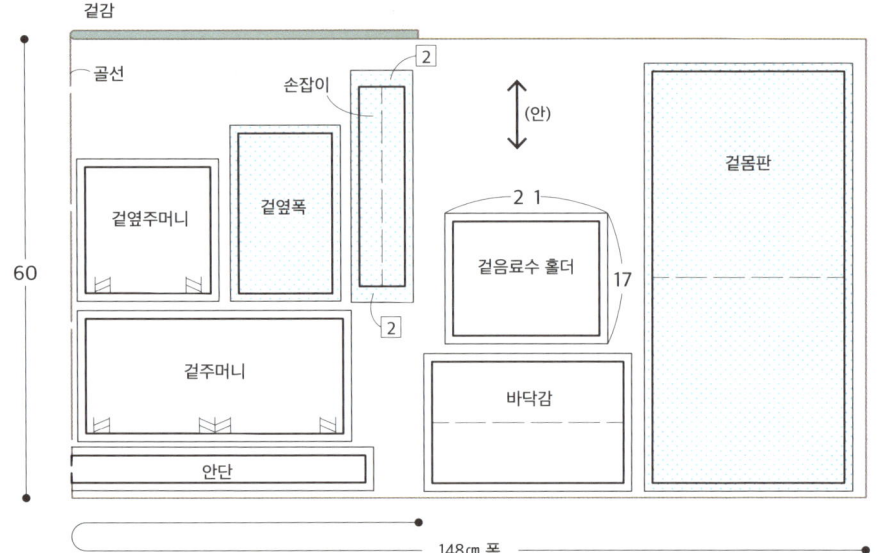

※ 겉음료수 홀더, 안음료수 홀더는 본이 없으니 옷감에 직접 선을 그려서 마름질한다.
※ □ 안은 시접. 정해진 것 이외에는 1㎝.
※ ▭ 는 안쪽면에 접착심지를 붙인다.

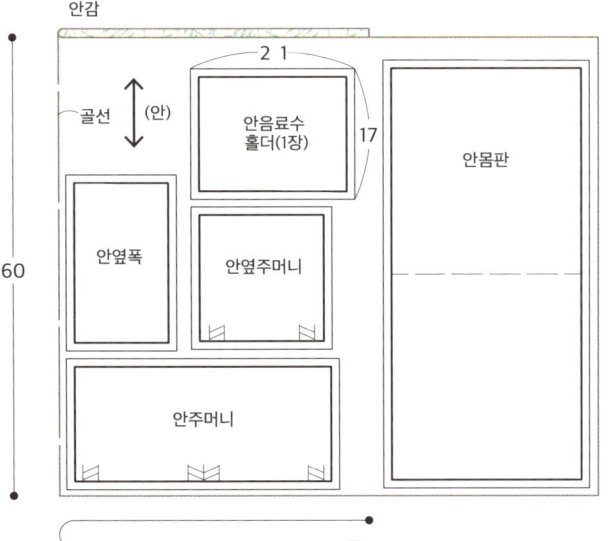

[만드는 법]

1. 주머니를 만든다.

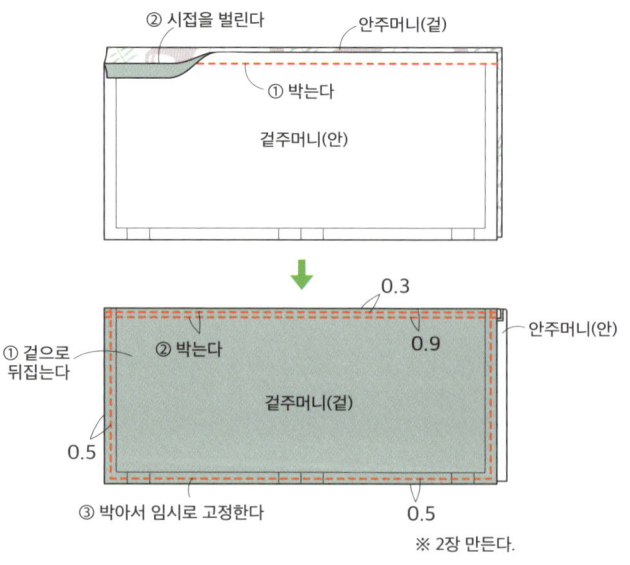

※ 2장 만든다.

2. 주머니를 겉몸판에 단다.

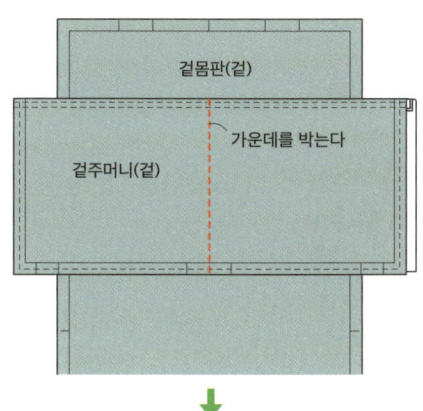

3. 바닥감을 겉몸판에 단다.

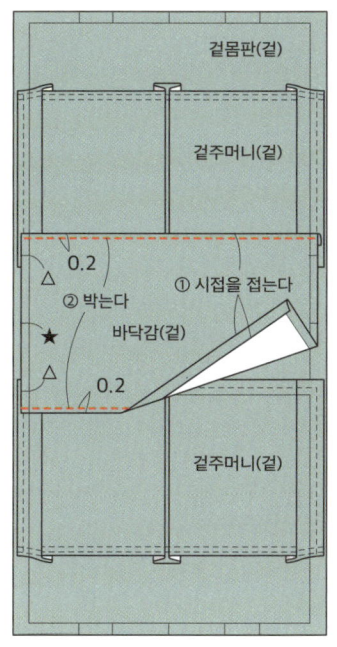

4. 손잡이를 만들어서 단다.

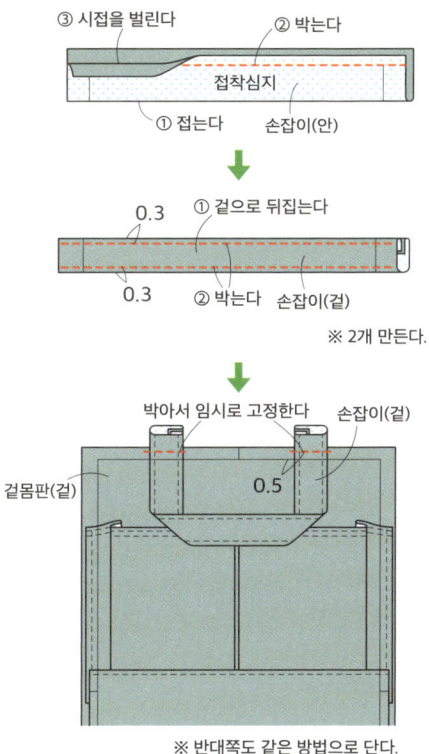

5. 옆주머니를 만들어서 겉옆폭에 단다.

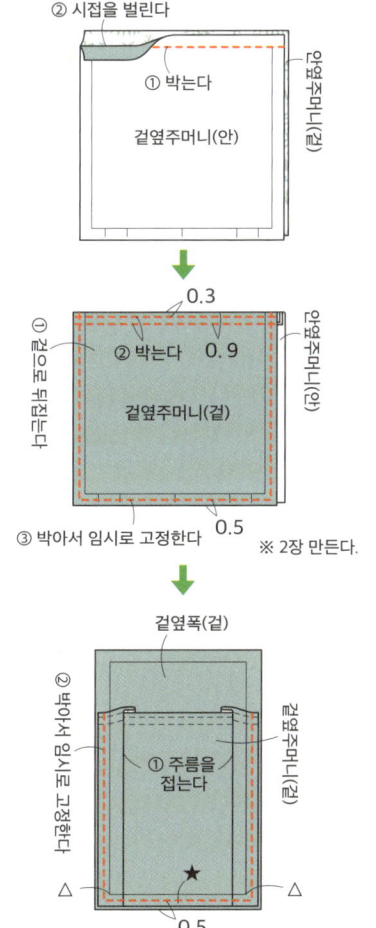

6. 겉몸판과 겉옆폭을 박는다.

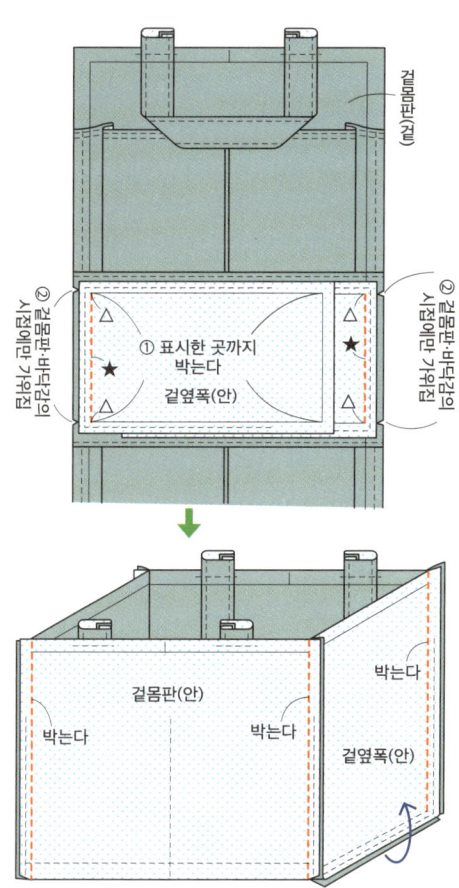

7. 음료수 홀더를 만들어서 안옆폭에 단다.

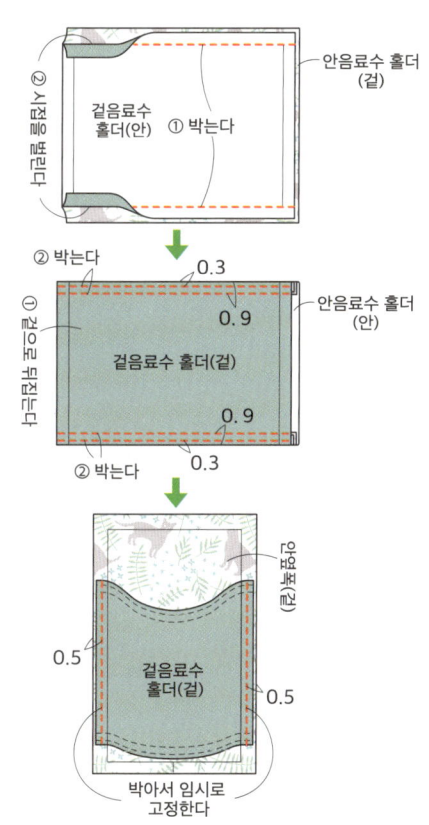

8. 안몸판과 안옆폭을 박는다.

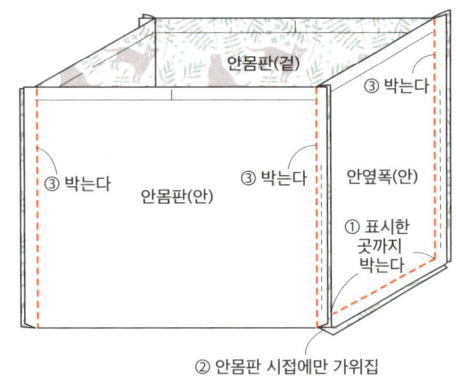

9. 겉몸판과 안몸판을 맞대고 옆폭 시접을 박는다.

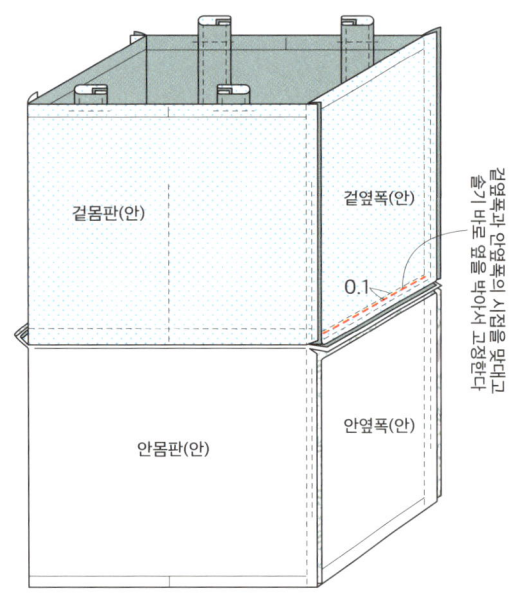

10. 안단을 만든다.

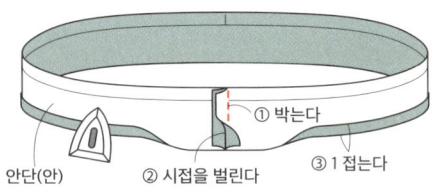

11. 몸판 입구에 안단을 단다.

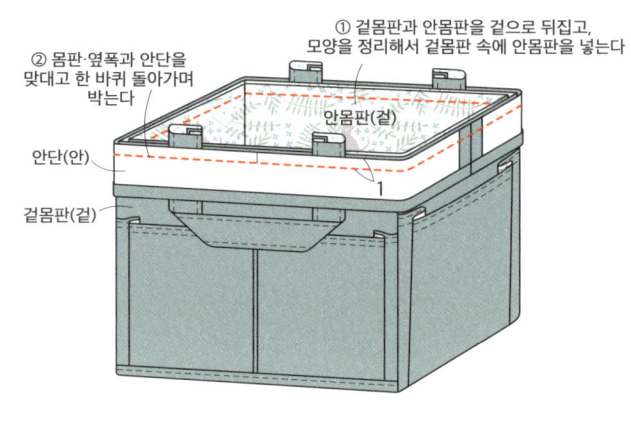

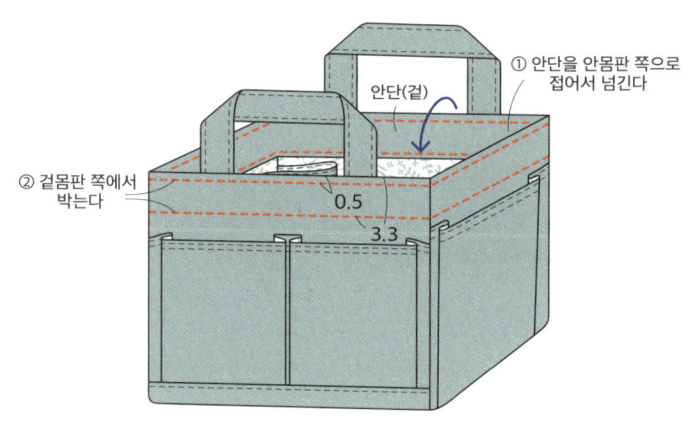

[완성]

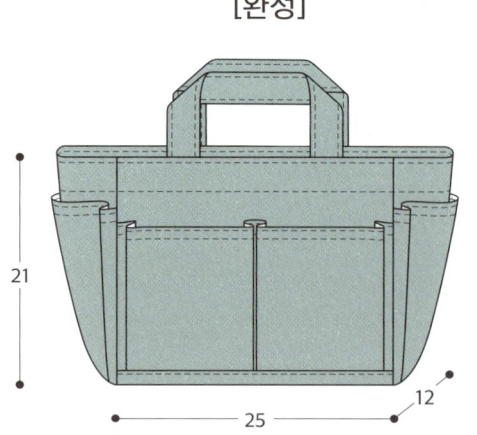

41P 14
수납력 만렙 화장품 파우치

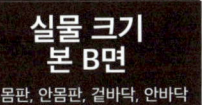

실물 크기 본 B면
겉몸판, 안몸판, 겉바닥, 안바닥

[재료]
옷감 A (면 꽃무늬) 폭 109㎝×20㎝
옷감 B (면 줄무늬) 폭 100㎝×20㎝
옷감 C (옥스퍼드 민무늬 파스텔핑크) 폭 70㎝×20㎝
옷감 D (면 민무늬 연한 파랑) 30㎝×15㎝
접착심지 조금 두꺼운 타입 폭 108㎝×30㎝
끈 굵기 0.5㎝×120㎝ 무염색

[준비 작업] 겉몸판, 겉바닥, 안바닥의 안쪽면에 접착심지를 붙인다.

옷감을 마름질하는 법

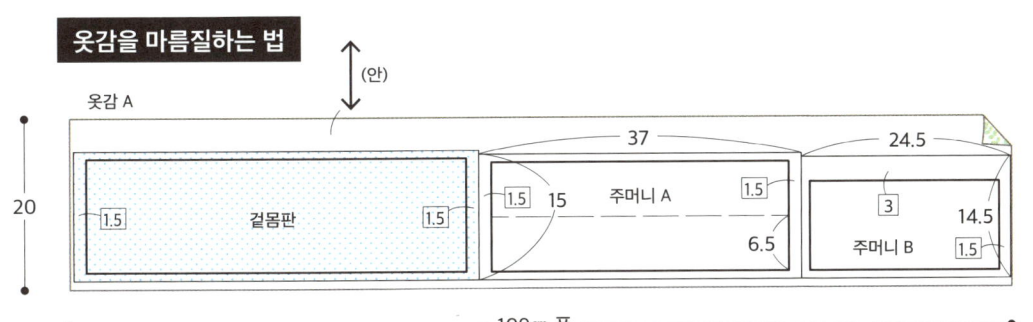

※ 주머니 A, 주머니 B, 복주머니, 끈 통로감, 손잡이는 본이 없으니 옷감에 직접 선을 그려서 마름질한다.
※ □ 안은 시접. 정해진 것 이외에는 1㎝ .
※ 겉바닥, 안바닥은 본에 시접이 포함되어 있다.
※ ▨는 안쪽면에 접착심지를 붙인다.

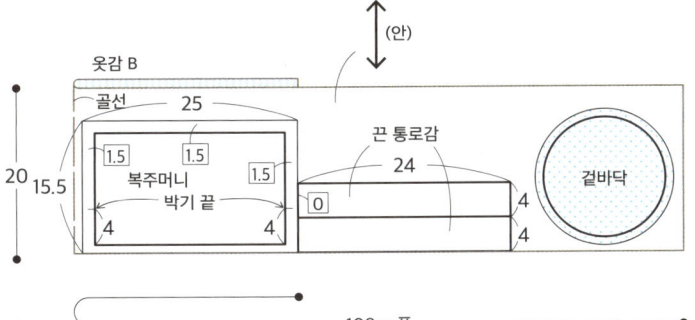

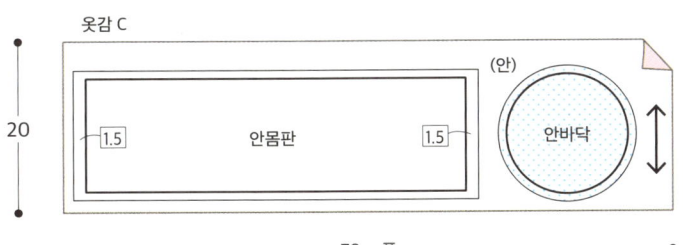

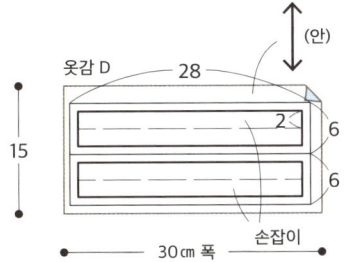

[만드는 법]

1. 주머니 A를 만든다.

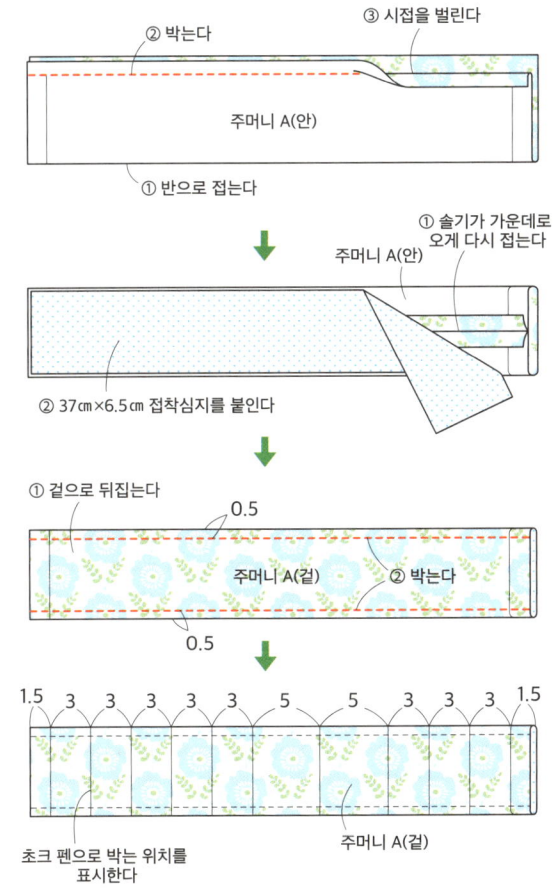

2. 안몸판에 주머니 A를 단다.

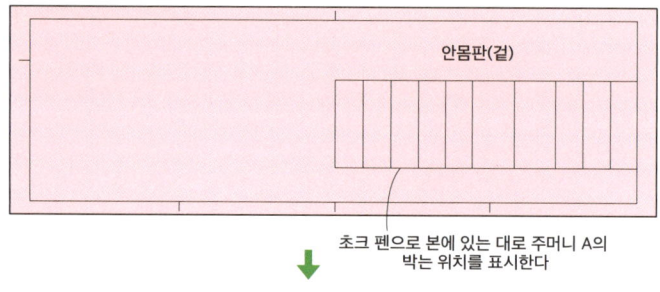

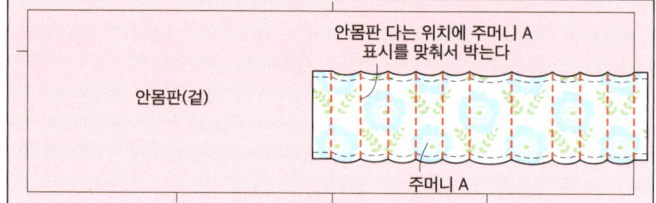

3. 주머니 B를 만들어서 안몸판에 단다.

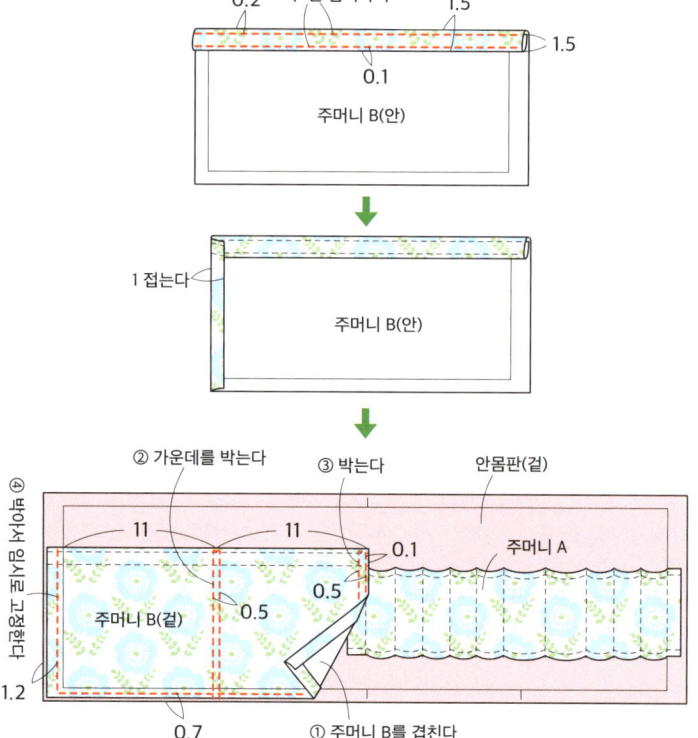

4. 안몸판의 옆선을 박는다.

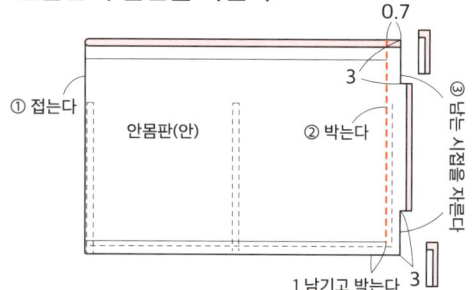

5. 손잡이를 만들어서 겉몸판에 단다.

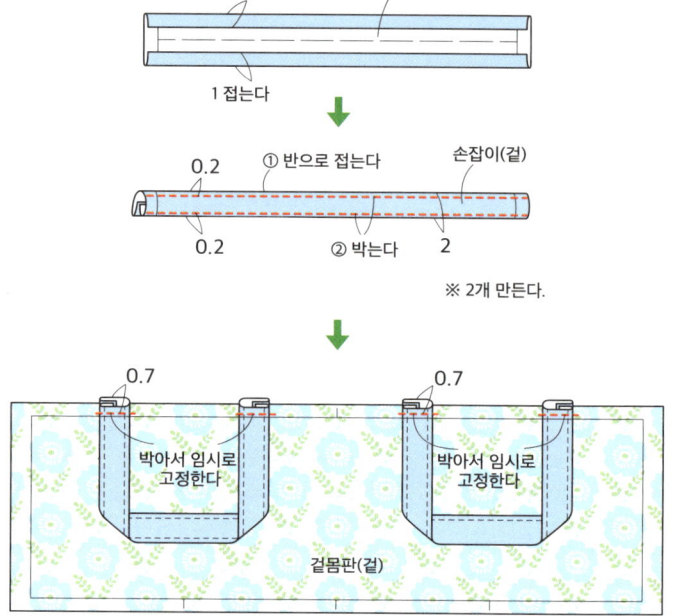

6. 겉몸판의 옆선을 박는다.

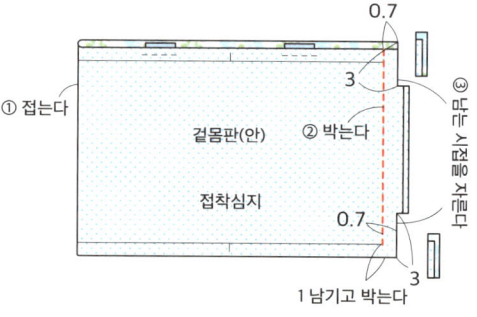

7. 몸판과 바닥을 박는다.

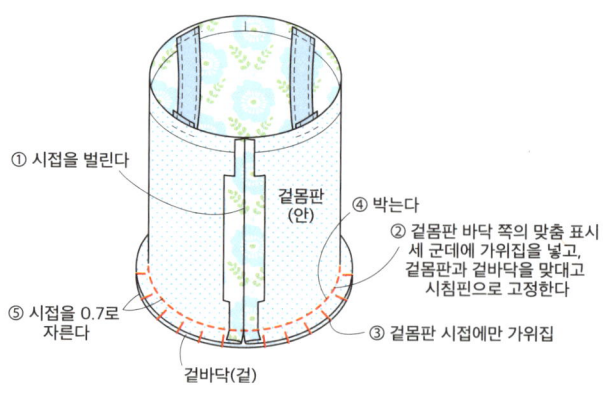

※ 안몸판과 안바닥도 같은 방법으로 박는다.

8. 겉몸판에 안몸판을 맞대고 입구를 박는다.

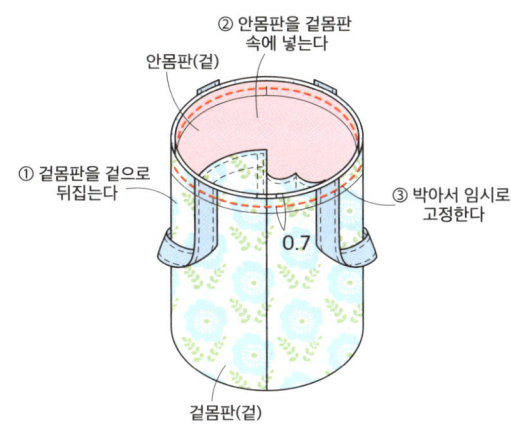

9. 복주머니를 만든다.

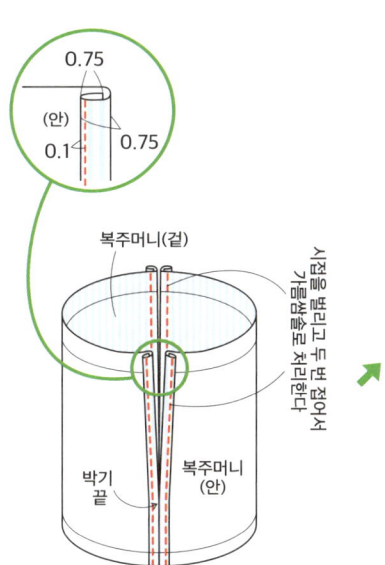

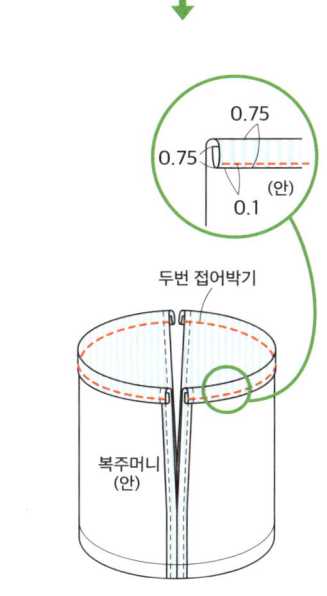

10. 끈 통로감을 만들어서 복주머니에 단다.

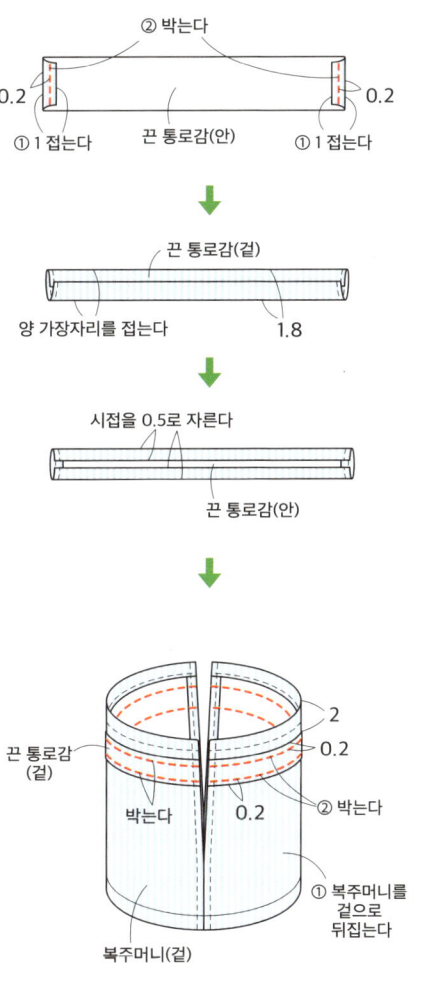

11. 몸판에 복주머니를 단다.

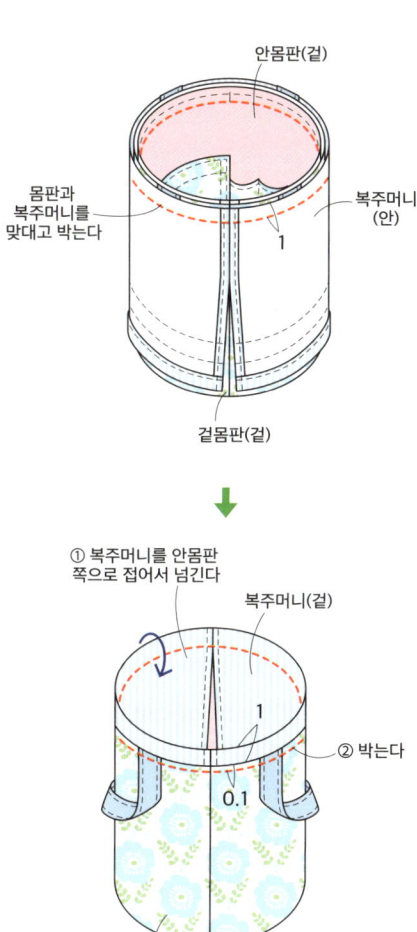

12. 끈을 끼운다.

[완성]

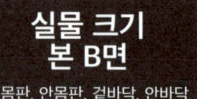

42P 15a
집에 하나 있으면 편리한 도구 가방

[재료]
옷감 A (옥스퍼드 민무늬 노랑) 폭 60㎝×20㎝
옷감 B (면 줄무늬) 폭 90㎝×30㎝
옷감 C (면 꽃무늬) 폭 110㎝×15㎝
접착심지 중간 두께 타입 폭 94㎝×30㎝
탈부착형 가죽 손잡이 길이 20㎝ 1개

[준비 작업] 겉몸판, 겉바닥의 안쪽면에 접착심지를 붙인다(겉바닥만 시접분 제외).

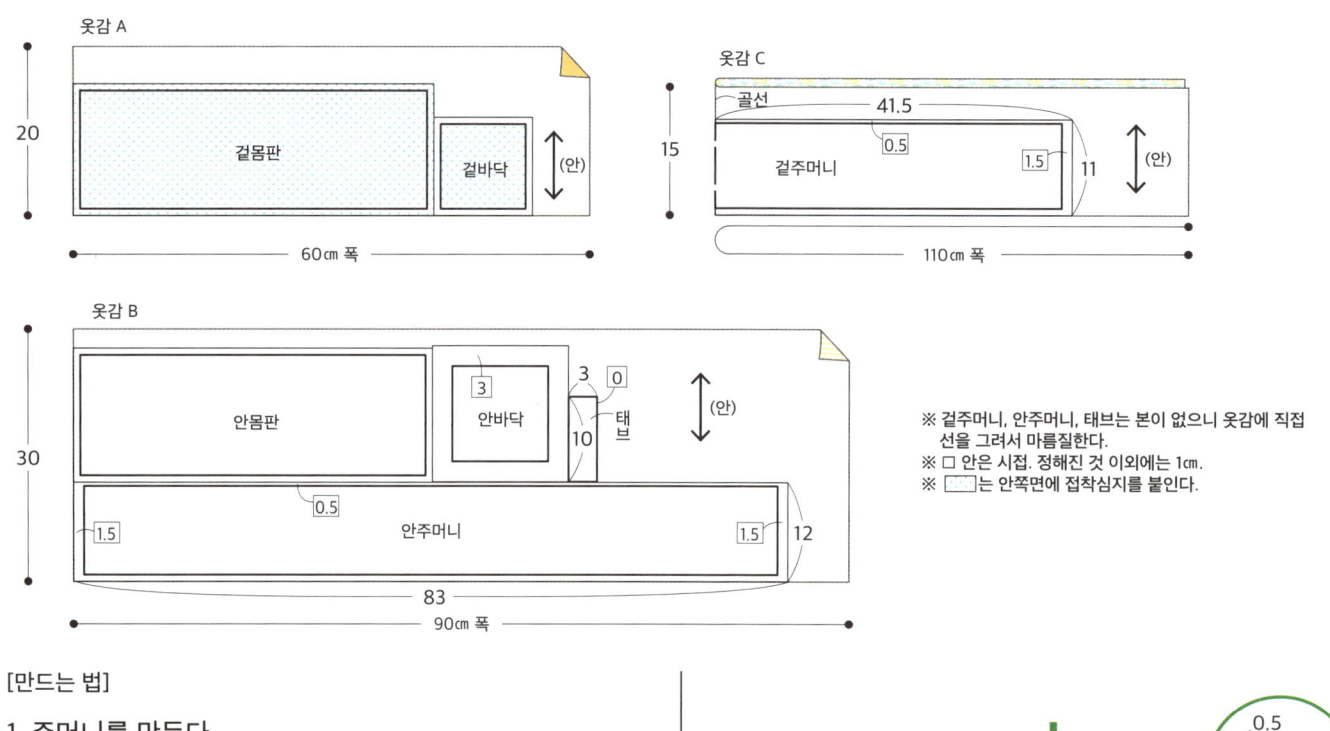

[만드는 법]

1. 주머니를 만든다.

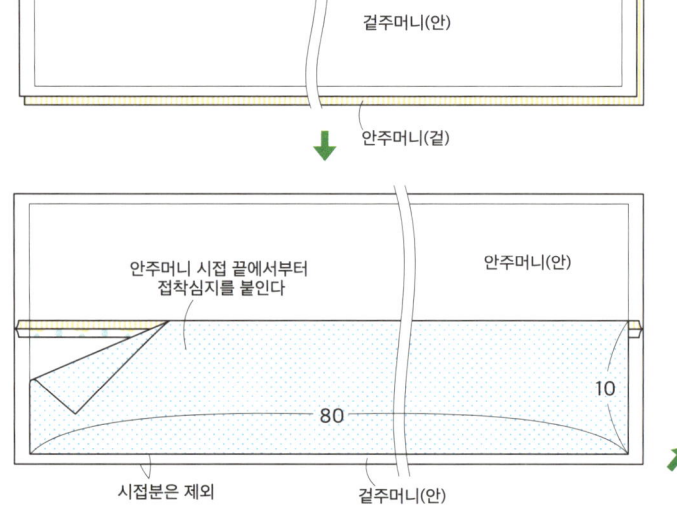
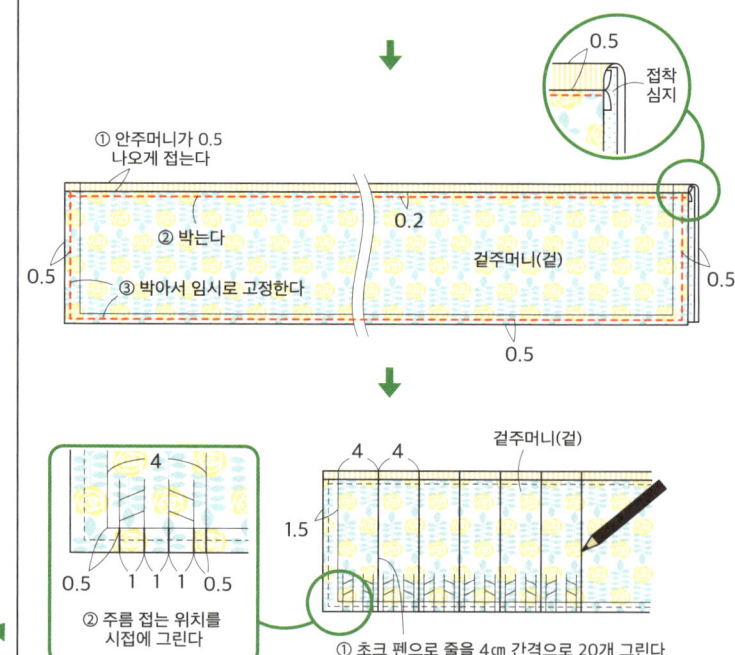

2. 태브를 만든다.

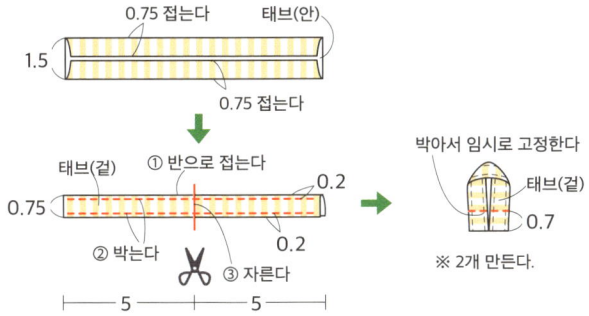

3. 겉몸판에 표시하고 주머니와 태브를 임시로 고정한다.

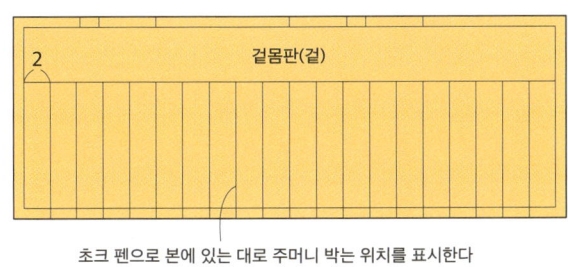

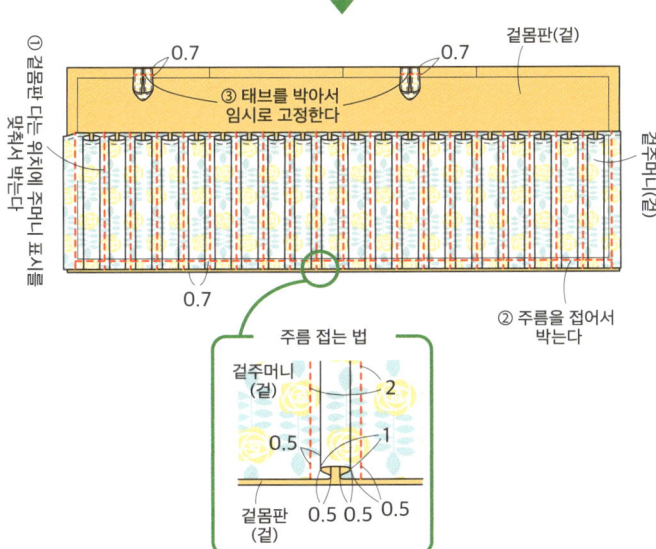

4. 겉몸판과 안몸판을 맞대고 입구를 박는다.

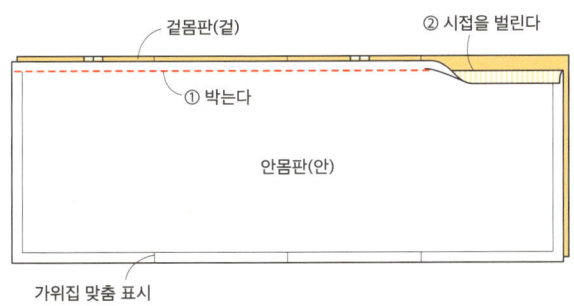

5. 겉몸판과 안몸판의 옆선을 박는다.

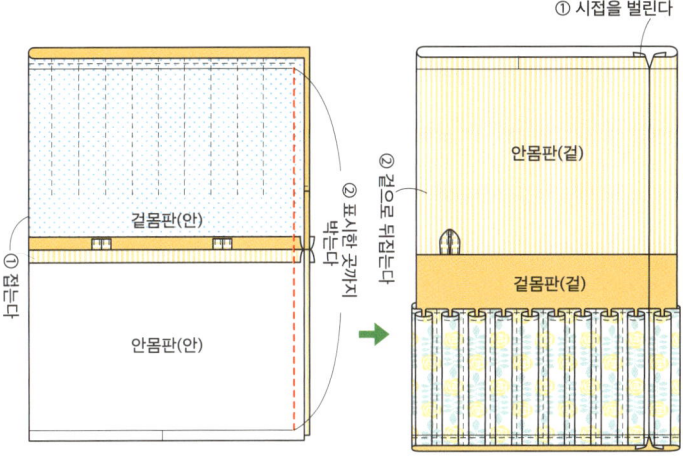

6. 겉몸판 속에 안몸판을 넣고 입구를 박는다.

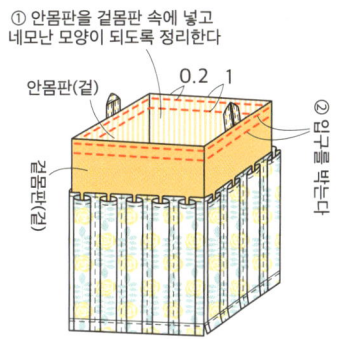

7. 입구의 네 귀퉁이를 박는다.

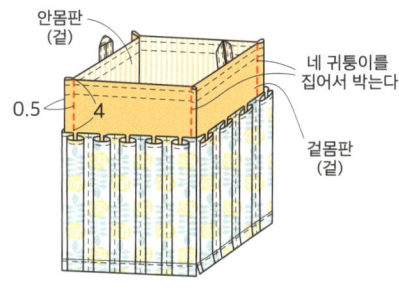

8. 바닥을 만들어서 몸판에 단다. ※ 만드는 법은 P.87 사진 해설을 참조.

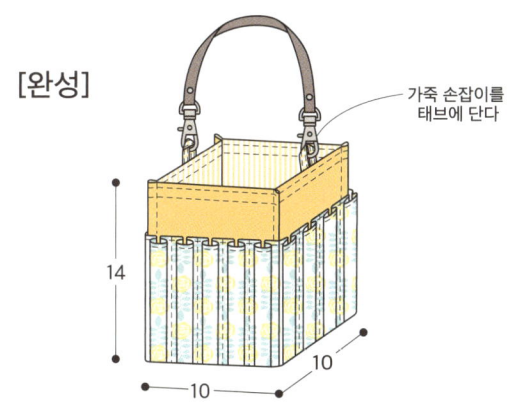

42P 15b
집에 하나 있으면 편리한 도구 가방

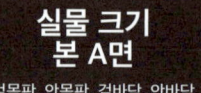
실물 크기 본 A면
겉몸판, 안몸판, 겉바닥, 안바닥

[재료]
옷감 A (면 민무늬 빨강) 폭 100㎝×30㎝
옷감 B (면 체리무늬) 폭 80㎝×15㎝
접착심지 조금 두꺼운 타입 폭 108㎝×30㎝
능직테이프 폭 2㎝×40㎝ 빨강
탈부착형 가죽 손잡이 길이 20㎝ 1개

[준비 작업] 겉몸판, 겉바닥의 안쪽면에 접착심지를 붙인다(시접분 제외).

옷감을 마름질하는 법

※ 겉주머니, 안주머니, 태브는 본이 없으니 옷감에 직접 선을 그려서 마름질한다.
※ □ 안은 시접. 정해진 것 이외에는 1㎝.
※ 겉바닥, 안바닥은 본에 시접이 포함되어 있다.
※ ▨는 안쪽면에 접착심지를 붙인다.

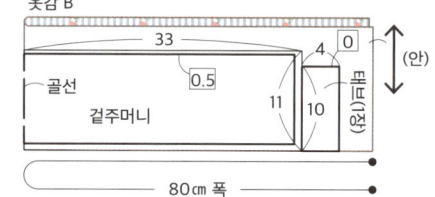

[만드는 법]

1. 주머니를 만든다.

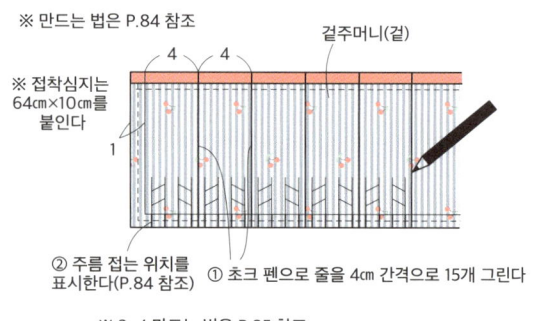

※ 2~4 만드는 법은 P.85 참조.
※ 태브는 1㎝ 폭으로 만든다.

5. 겉몸판과 안몸판의 뒤중심선을 박는다.

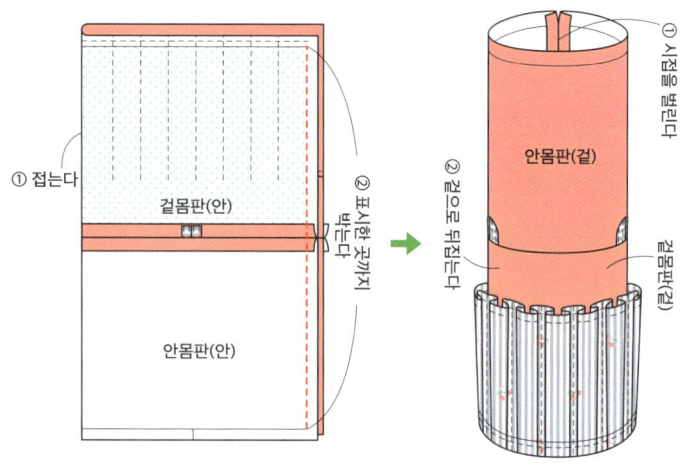

6. 겉몸판 속에 안몸판을 넣고 입구를 박는다.

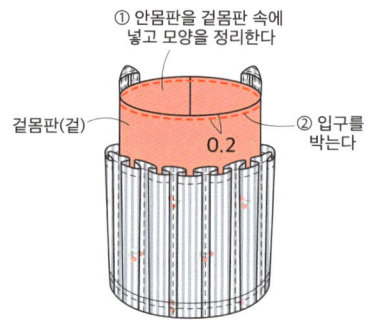

7. 바닥을 만들어서 몸판에 단다. ※ 만드는 법은 P.87 사진 해설을 참조

[완성]

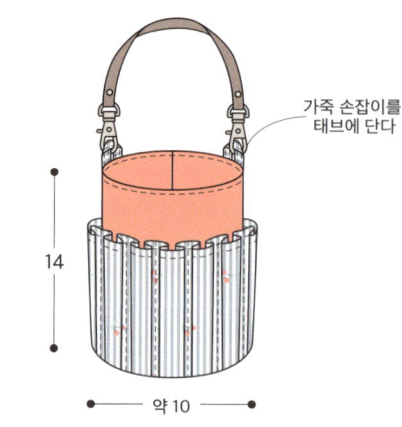

POINT LESSON | 42P 15a, 15b

도구 주머니 a - 네모난 바닥 다는 법

8 바닥을 만들어서 몸판에 단다

※ 85P 8번에 대한 설명입니다.
※ 알아보기 쉽도록 실 색깔을 바꾸고, 주머니를 달지 않은 상태로 설명합니다.

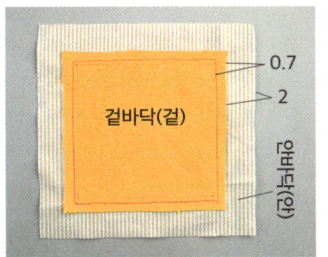

① 겉바닥과 안바닥의 안끼리 맞대고 겉바닥 가장자리에서 0.7㎝ 지점을 박아서 임시로 고정합니다.

② 몸판 바닥 쪽의 맞춤 표시 세 군데에 가위집을 넣습니다.

③ 겉바닥과 겉바닥을 겉끼리 맞대고 시침핀으로 고정합니다.

④ 완성선을 박습니다.

⑤ 안바닥을 두 번 접어 시접을 싸서 시침핀으로 고정합니다.

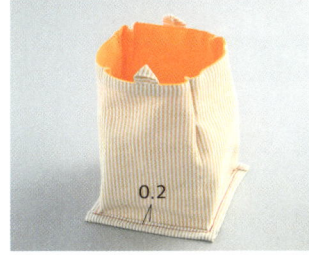

⑥ 가장자리에서 0.2㎝ 지점을 박습니다.

도구 주머니 b - 둥근 바닥 다는 법

7 바닥을 만들어서 몸판에 단다

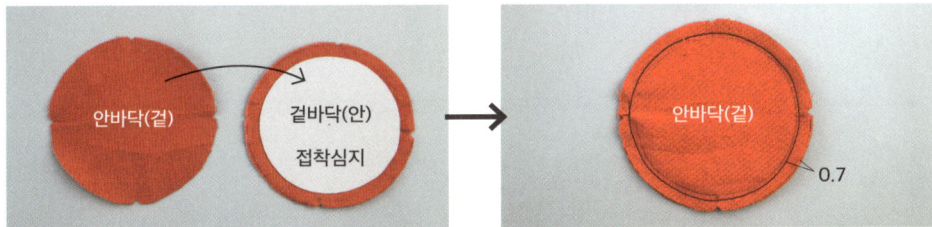

① 겉바닥과 안바닥의 맞춤 표시 네 군데에 가위집을 넣습니다. 겉바닥과 안바닥을 안끼리 맞대고, 겉바닥의 가장자리에서 0.7㎝ 지점을 박아서 임시로 고정합니다.

② 몸판 바닥 쪽의 맞춤 표시 세 군데에 가위집을 넣습니다. 겉몸판과 겉바닥을 겉끼리 맞대고 시침핀으로 고정합니다.

③ 몸판 시접에만 가위집을 넣습니다.

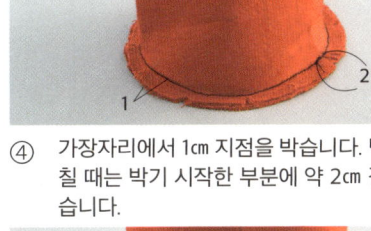
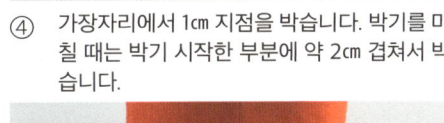

④ 가장자리에서 1㎝ 지점을 박습니다. 박기를 마칠 때는 박기 시작한 부분에 약 2㎝ 겹쳐서 박습니다.

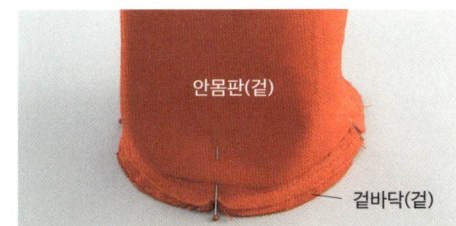

⑤ 두꺼운 종이로 바닥 본을 만듭니다. 능직테이프를 반으로 접어서 본을 끼우고 다려서 곡선으로 만듭니다.

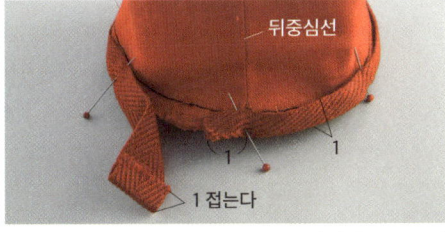

⑥ 시접을 능직테이프에 끼우고 시침핀으로 고정합니다. 능직테이프는 뒤중심선의 1㎝ 앞에서부터 시침핀으로 고정하기 시작하고 끝은 1㎝ 접어서 겹칩니다.

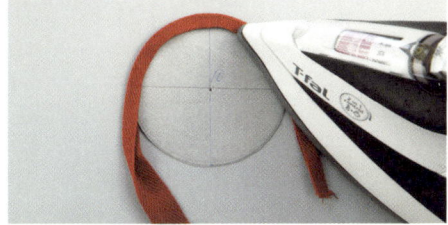

⑦ 능직테이프 가장자리를 감칩니다(감치는 법은 P.93 참조).

⑧ 안바닥 쪽의 능직테이프도 같은 방법으로 감칩니다.

44P 17
와이어 프레임 3단 활용! 단추 잠금 파우치

[재료]
겉감 (면 자수 꽃무늬) 폭 110㎝×40㎝
안감 (면 잔꽃무늬) 폭 50㎝×30㎝
접착퀼트심지 폭 50㎝×30㎝
자석단추 지름 1.8㎝ 꿰매는 타입 1쌍
와이어 프레임 폭 15㎝×높이 5㎝ 1쌍
[준비 작업] 겉태브의 안쪽면에 접착퀼트심지를 붙인다.

옷감을 마름질하는 법

※ 겉감은 양 가장자리에 자수 꽃무늬가 있으니 마름질하는 법 그림을 기준으로 하여 원하는 무늬의 위치에 본을 배치한다.
※ 이 작품은 본이 없으니 옷감에 직접 선을 그려서 마름질한다.
※ 시접은 모두 1㎝.
※ ▒▒는 안쪽면에 접착퀼트심지를 붙인다.

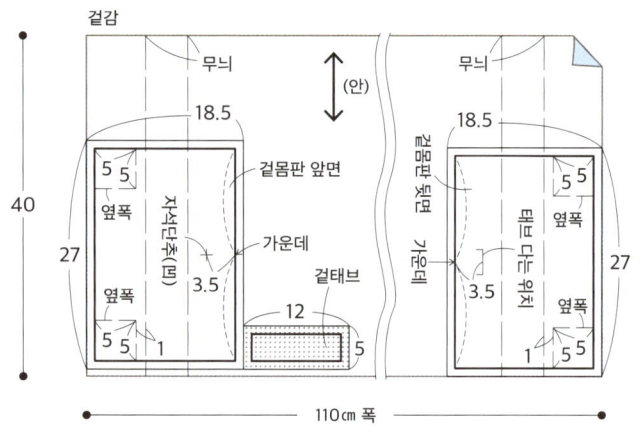

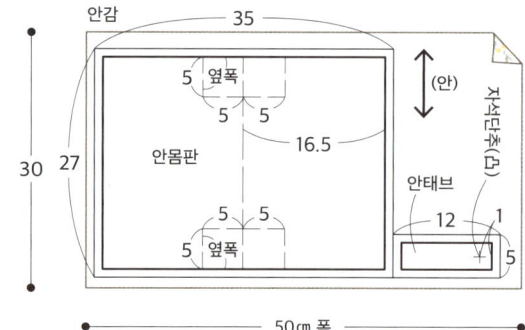

[만드는 법]

1. 겉몸판의 바닥선을 박고 접착퀼트심지를 붙인다.

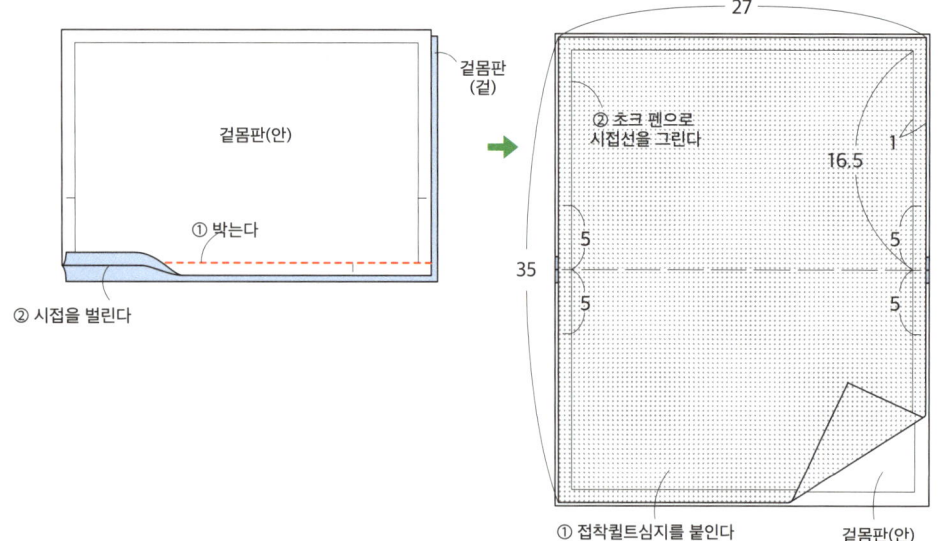

2. 겉몸판과 안몸판의 입구를 박는다.

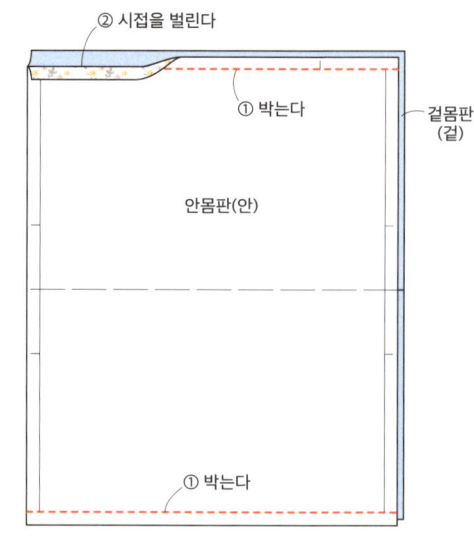

3. 겉몸판과 안몸판의 옆선을 박는다.

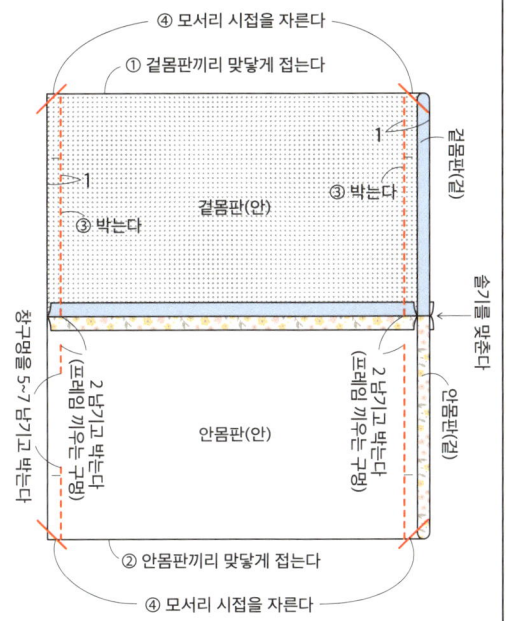

4. 옆폭을 박는다.

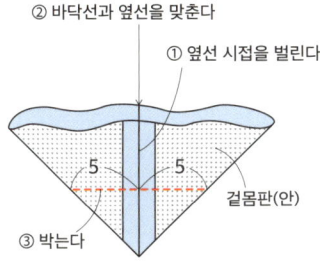

※ 안몸판도 같은 방법으로 박는다.

5. 겉몸판과 안몸판을 맞대고 옆폭 시접을 박는다.

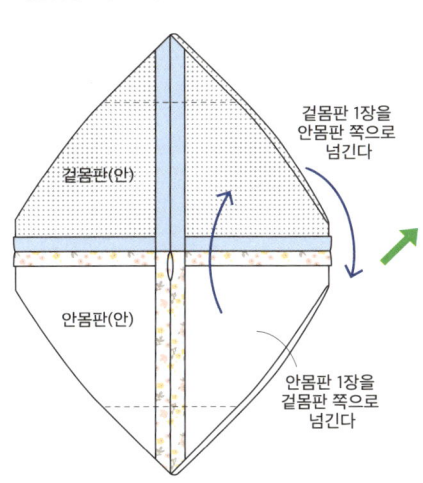

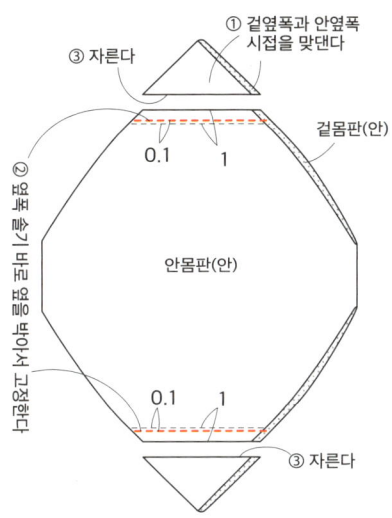

6. 겉으로 뒤집어서 입구를 박는다.

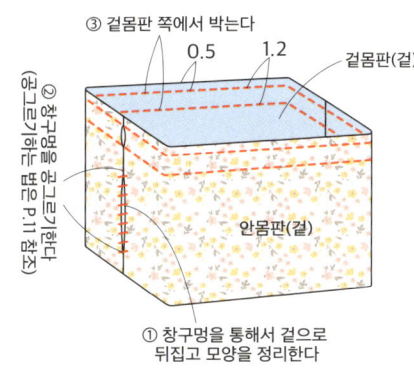

7. 태브를 만든다.

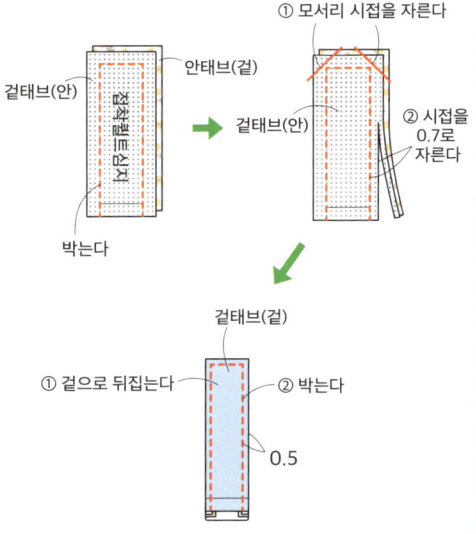

8. 겉몸판에 태브를 단다.

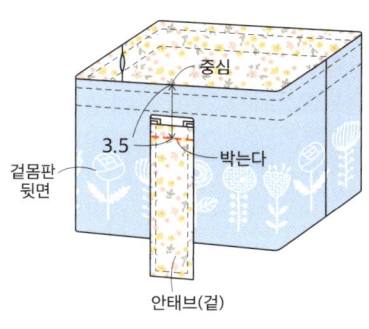

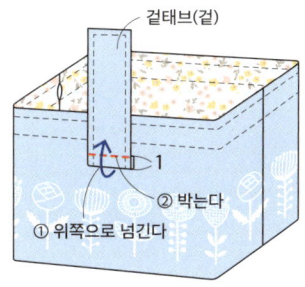

9. 입구에 와이어 프레임을 끼운다.

※ 와이어 프레임 끼우는 법은 P.50 사진 해설을 참조.

10. 자석단추를 단다.

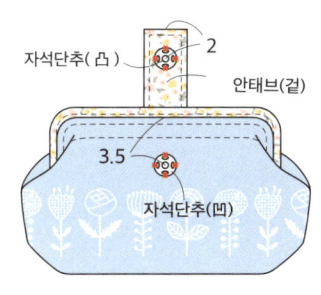

※ 자석단추 다는 법은 P.31 참조.

[완성]

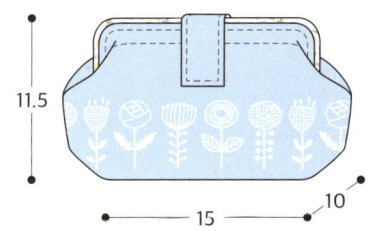

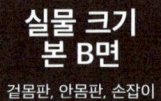

44P 17
와이어 프레임 3단 활용! 미니 가방

실물 크기 본 B면
겉몸판, 안몸판, 손잡이

[재료]
겉감 (하프 리넨 식물무늬) 폭 30cm×40cm
안감 (하프 리넨 체크무늬) 폭 55cm×45cm
접착심지 조금 두꺼운 타입 폭 50cm×40cm
와이어 프레임 폭 15cm×높이 5cm 1쌍
[준비 작업] 겉몸판, 손잡이의 안쪽면에 접착심지를 붙인다.

옷감을 마름질하는 법

※ □ 안은 시접. 정해진 것 이외에는 1cm.
※ 손잡이는 본에 시접이 포함되어 있다.
※ ▨는 안쪽면에 접착심지를 붙인다.

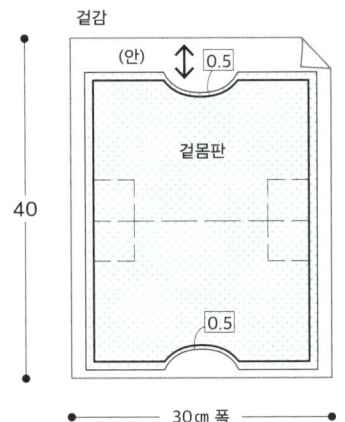
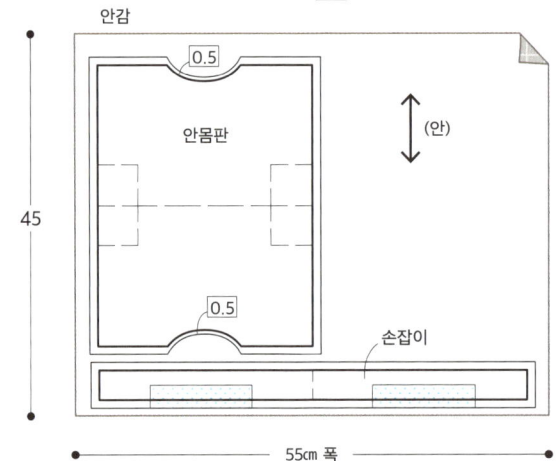

[만드는 법]

1. 입구의 곡선을 박는다.

2. 겉몸판의 옆선을 박는다.

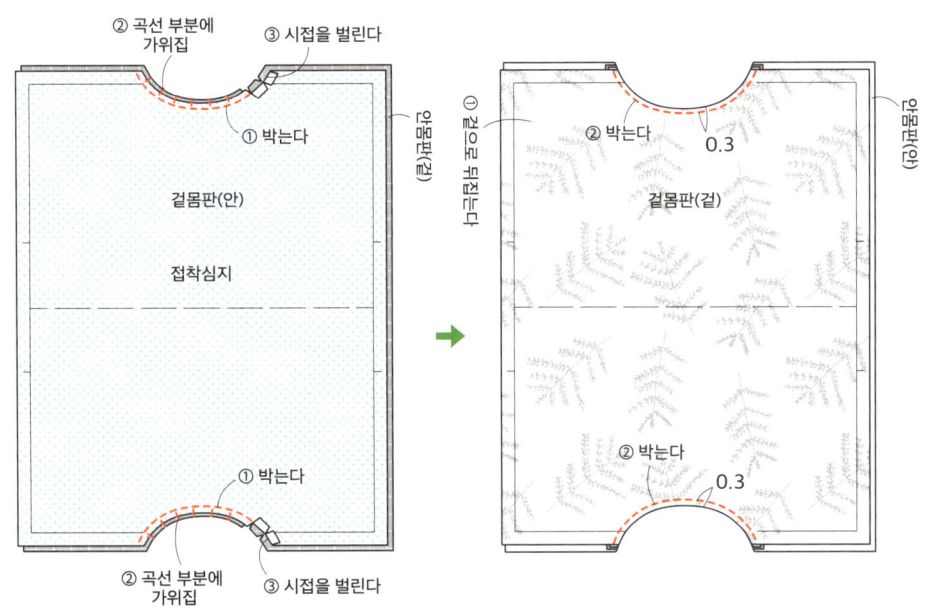
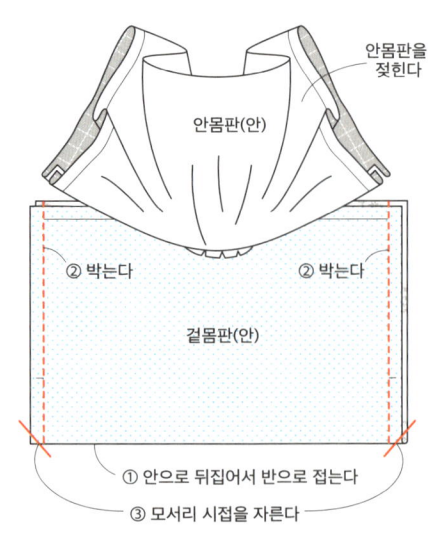

3. 안몸판의 옆선을 박는다.

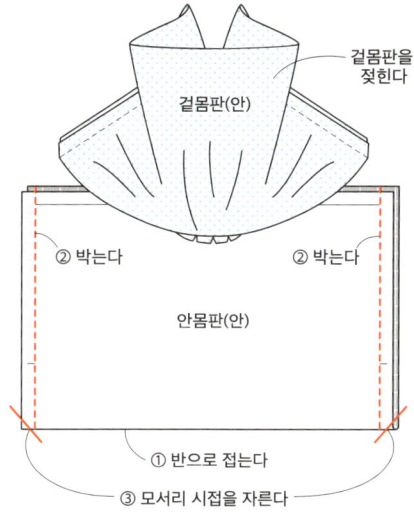

4. 옆폭을 박는다.

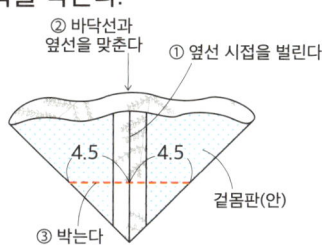

※ 안몸판도 같은 방법으로 박는다.

5. 겉몸판과 안몸판을 맞대고 옆폭 시접을 박는다.

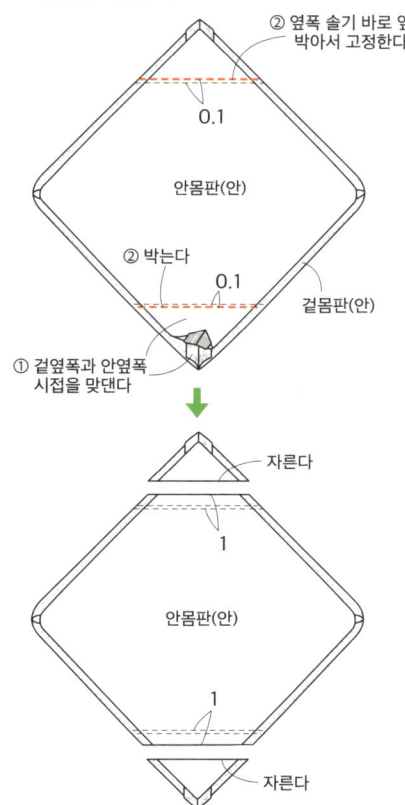

6. 몸판을 겉으로 뒤집어서 입구를 박는다.

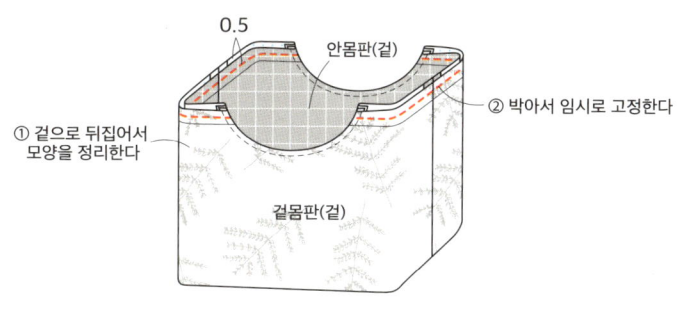

7. 손잡이를 만든다.

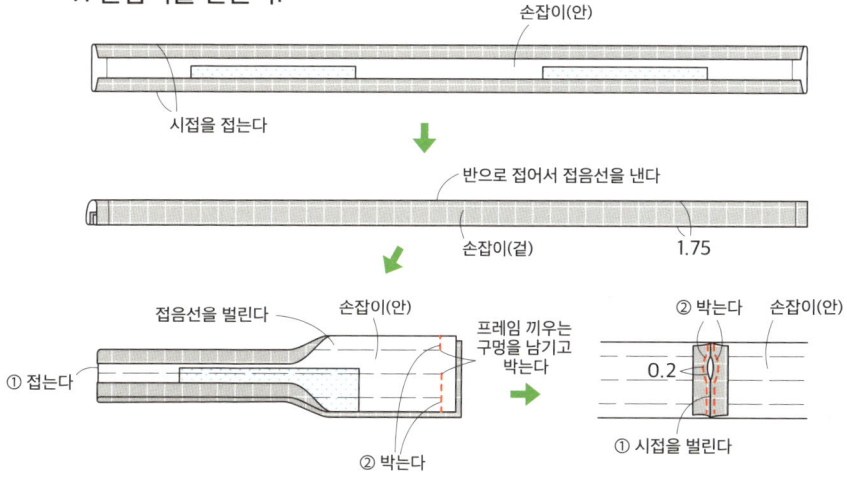

8. 몸판에 손잡이를 단다.

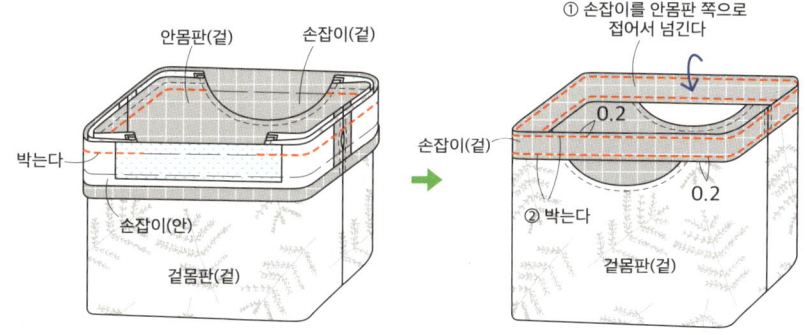

9. 손잡이에 와이어 프레임을 끼운다.

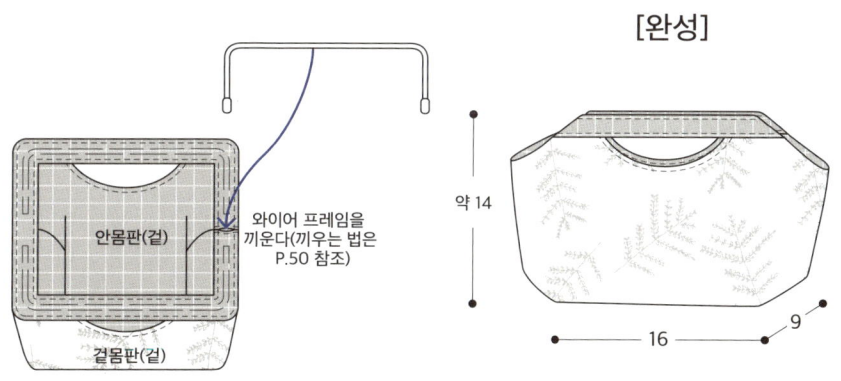

[완성]

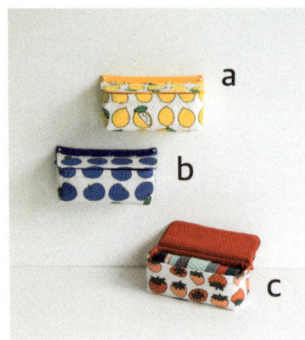

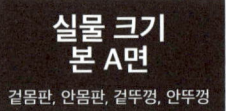

45P 18
와이어 프레임 3단 활용! 벽걸이 수납 케이스

[a~c 재료] (1개분)
겉감 (면 - a 레몬무늬, b 사과무늬, c 딸기무늬) 폭 45cm×20cm
안감 (옥스퍼드 민무늬 - a 노랑, b 블루, c 빨강) 폭 45cm×20cm
접착심지 중간 두께 타입 폭 50cm×20cm
와이어 프레임 폭 15cm×높이 5cm 1쌍
[준비 작업] 겉몸판, 겉뚜껑의 안쪽면에 접착심지를 붙인다.

옷감을 마름질하는 법

※ 바인딩감은 본이 없으니 옷감에 직접 선을 그려서 마름질한다.
※ ☐ 안은 시접. 정해진 것 이외에는 1cm.
※ ▥ 안쪽면에 접착심지를 붙인다.

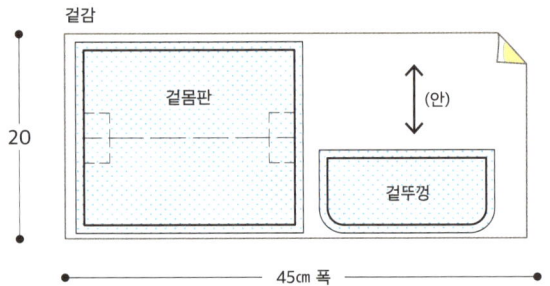

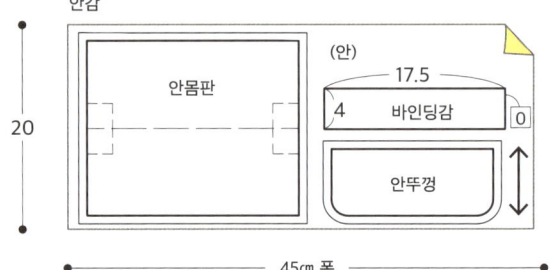

[만드는 법]

1. 몸판의 옆선을 박는다.

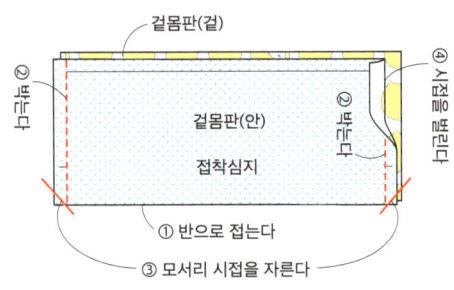

※ 안몸판도 같은 방법으로 박는다.

2. 옆폭을 박는다.

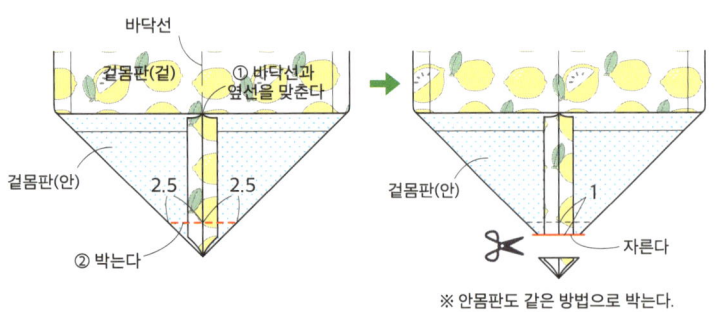

※ 안몸판도 같은 방법으로 박는다.

3. 뚜껑을 만든다.

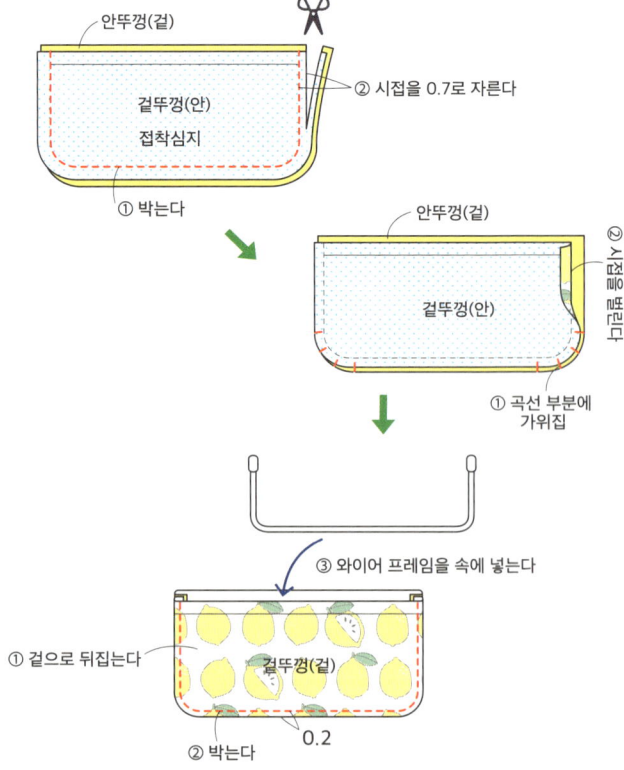

4. 겉몸판과 안몸판을 맞대고 입구를 박는다.

6. 바인딩감을 단다.

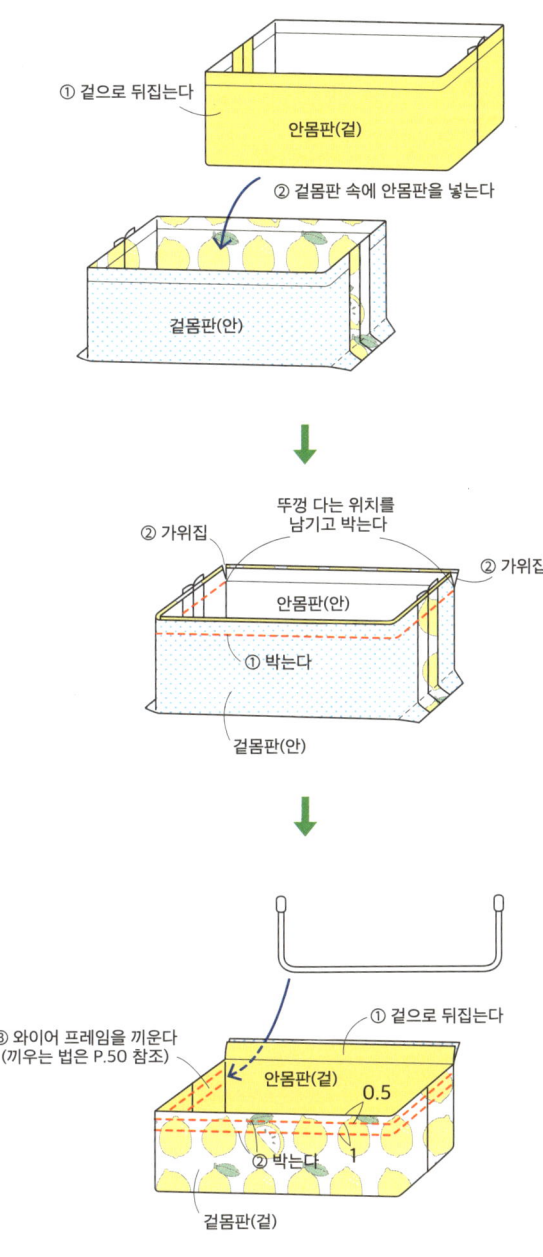

5. 몸판에 뚜껑을 단다.

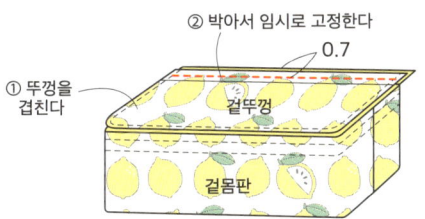

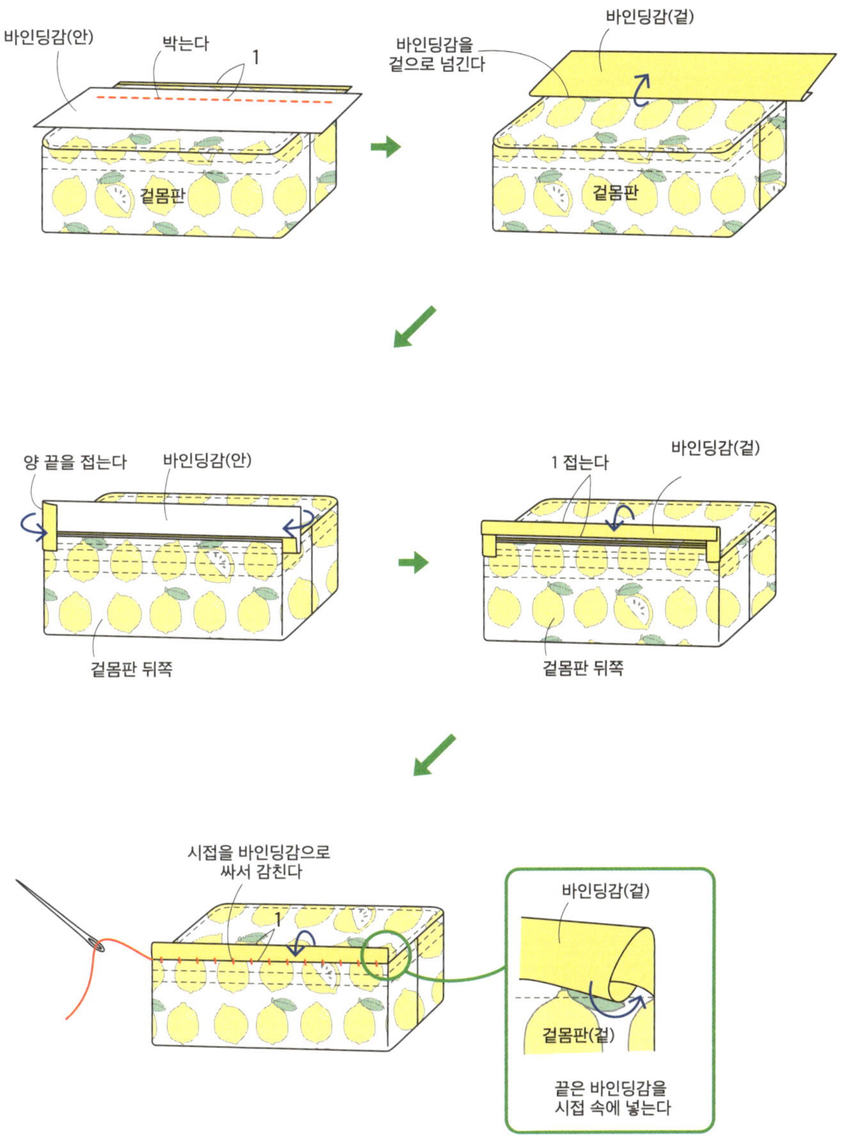

감치는 법

(시접을 한쪽으로 넘겼을 때 감치는 법)

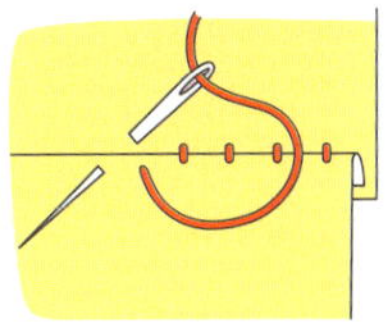

[완성]

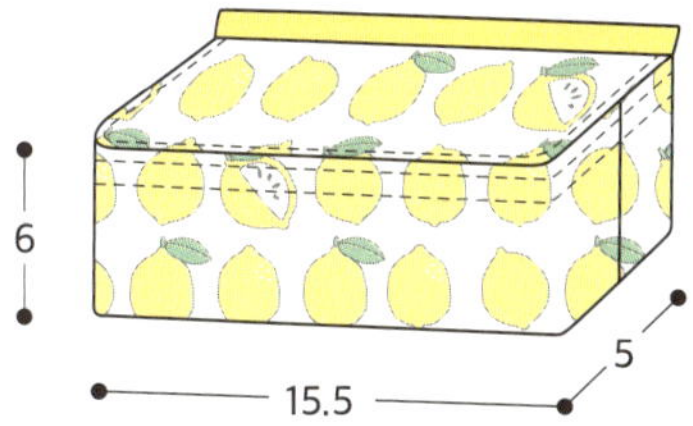

46P 19
활짝 열리는 착붙 필통

실물 크기 본 A면
겉몸판, 안몸판, 겉뚜껑, 안뚜껑

[a 재료]
겉감 (라미네이트 파인애플무늬) 폭 40㎝×40㎝
지퍼 12㎝ 2개
능직테이프 폭 1.5㎝×20㎝ 무염색
자석 지름 0.5㎝ 1쌍
라벨 폭 1.5㎝×4.5㎝ 1개

[b 재료]
겉감 (라미네이트 하트무늬) 폭 40㎝×40㎝
지퍼 12㎝ 2개
능직테이프 폭 1.5㎝×20㎝ 무염색
자석 지름 0.5㎝ 1쌍
라벨 폭 1.5㎝×4㎝ 1개

옷감을 마름질하는 법

※ 이 작품은 본이 없으니 옷감에 직접 선을 그려서 마름질한다.
※ □ 안은 시접. 정해진 것 이외에는 1㎝.

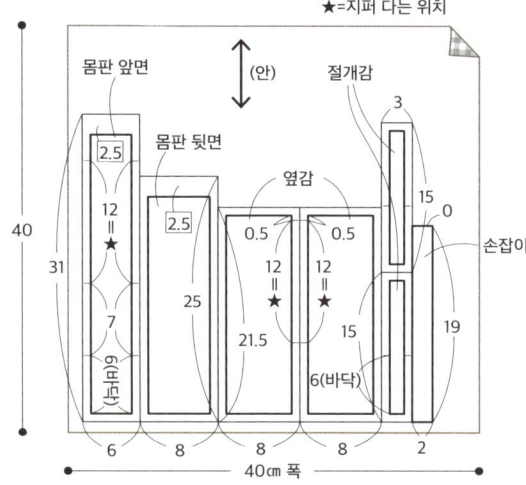

2. 몸판 앞면에 지퍼, 절개감을 단다.

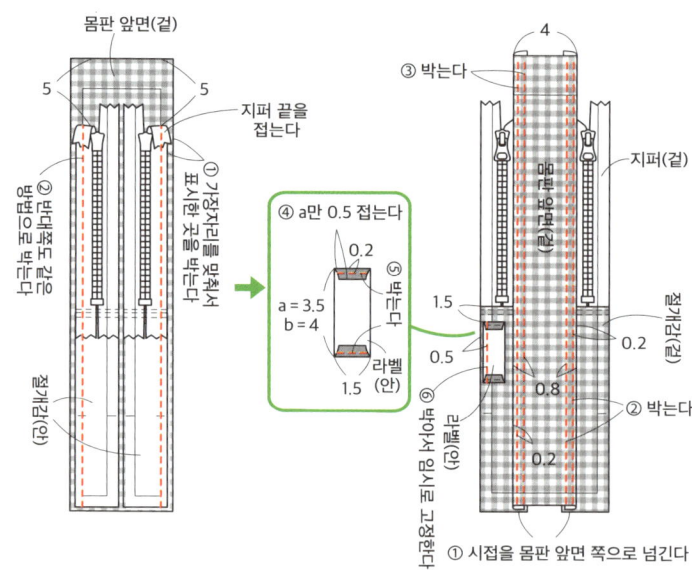

[만드는 법]

1. 지퍼와 절개감을 박는다.

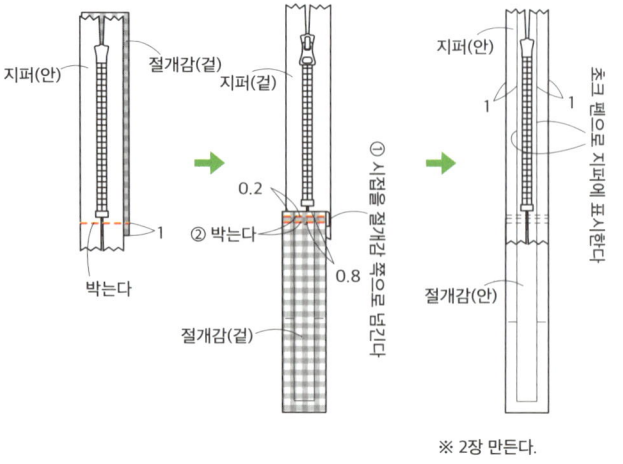

※ 2장 만든다.

3. 몸판 앞면과 몸판 뒷면의 바닥선을 박는다.

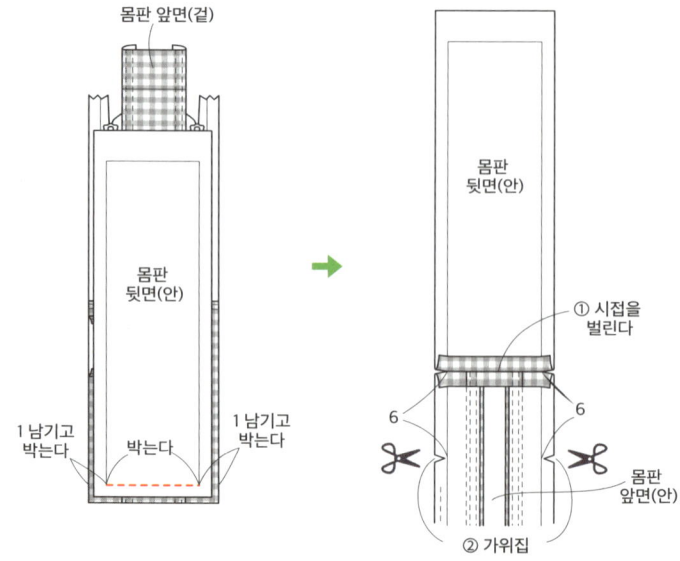